BIBLIOTHÈQUE D'ÉTUDES SOCIALISTES

I

KARL KAUTSKY

Parlementarisme et Socialisme

ÉTUDE CRITIQUE SUR LA LÉGISLATION DIRECTE PAR LE PEUPLE

TRADUIT PAR

ÉDOUARD BERTH

PRÉFACE DE JEAN JAURÈS

[illegible]
[illegible] JACQUES [illegible]
[illegible]
[illegible]

Parlementarisme et Socialisme

Il a été tiré de cet ouvrage sept exemplaires sur papier de Hollande Van-Gelder.

BIBLIOTHÈQUE D'ÉTUDES SOCIALISTES
I

KARL KAUTSKY

Parlementarisme et Socialisme

ÉTUDE CRITIQUE SUR LA LÉGISLATION DIRECTE PAR LE PEUPLE

TRADUIT PAR

ÉDOUARD BERTH

PRÉFACE DE JEAN JAURÈS

PARIS
LIBRAIRIE G. JACQUES
97, BOULEVARD ARAGO, 97
1900

PRÉFACE

Il est inutile de présenter au public français l'auteur de ce livre, Kautzky, qui représente avec une si grande force de doctrine et une information si étendue la pensée socialiste allemande. Je me bornerai à signaler rapidement l'intérêt tout particulier que la traduction de son livre offre pour nous, Français, dans les circonstances présentes. Le livre est, en somme, une défense du parlementarisme au point de vue socialiste. Il est vrai que ce n'est point contre les théories plébiscitaires et césariennes que Kautzky défend le parlementarisme ; c'est au contraire contre les partisans de la législation directe, contre Rittinghausen et les groupes démocrates-socialistes qui ont hérité de sa pensée. Mais comme les plébiscitaires empruntent aux partisans de la législation directe une partie de leurs critiques contre le régime parlementaire, comme ils essaient même de surprendre la confiance d'une partie de la classe ouvrière, en alléguant la contradiction absolue du parlementarisme et du socialisme, il est du plus haut intérêt de soumettre aux méditations des lecteurs français et en particulier de prolétaires la claire et forte étude de Kautzky.

Et qu'il n'y ait point d'équivoque ! Kautzky est partisan du referendum, du droit d'initiative largement pratiqué. Mais ce qui lui paraît impossible, c'est de supprimer l'action centrale d'un Parlement élaborant les lois et exerçant sur le gouvernement un contrôle rigoureux ! Kautzky ne se borne pas à faire ressortir l'impossibilité pratique de la législation directe, si le Parlement était aboli. Il démontre (et c'est là, pour nous socialistes, le point vif du débat) qu'il est faux que le régime représentatif et plus précisément le régime parlementaire soient la forme naturelle de la domination bourgeoise. La vérité, c'est que ce régime peut s'adapter aussi bien au gouvernement de la démocratie qu'au gouvernement de l'oligarchie bourgeoise. Le parlementarisme ne résout pas, au profit de telle ou telle classe, le conflit direct entre le prolétariat et la bourgeoisie capitaliste ; il est plutôt le champ où les forces prolétariennes et les forces capitalistes se heurtent et se mesurent. Si la démocratie a subi de terribles crises, si en 1848 elle a abouti, après des agitations déplorables, au coup d'Etat césarien ou à la contre-révolution, ce n'est point parce que le mécanisme parlementaire a desservi la démocratie ; c'est parce que celle-ci a été surprise et déconcertée par l'antagonisme des deux éléments, l'élément prolétarien et l'élément bourgeois, qui a éclaté seulement au milieu de notre siècle. Il y a, dans cette partie du livre de Kautsky, des vues historiques très pénétrantes.

Mais le point qui intéressera peut être le plus les socialistes français, c'est le chapitre où Kautsky semble prévoir la nécessité même d'un Parlemet, c'est-à-dire d'un régime de transaction jusque dans la Révolution socialiste. Si je comprends bien cette partie de l'œuvre de Kautsky, il se représente que même, quand le prolétariat, comme parti de classes, sera souverain, il ne pourra résoudre la question sociale que par des décisions infiniment complexes et variées. Ce chapitre, écrit il y a plusieurs années, me paraît éclairer d'un jour très vif la récente polémique de Bernstein et de Kautsky. Kaustzky est aussi cenvaincu que Bernstein de la complexité des problèmes. La socialisation de la propriété, l'indemnisation des propriétaires peuvent être comprises de façon très diverse et réalisées par les modes les plus variés. Le principal vice de la législation directe par le peuple, *même en régime socialiste*, on pourrait même dire surtout en régime socialiste, est, selon Kautzky, de réduire à une simplicité excessive et abstraite la complication des choses. « En réalité, dit Kautsky, les formes d'exploitation (sociale) seraient encore plus diverses! Et c'est cet organisme aux formes multiples à l'infini que l'on veut faire entrer dans cet étroit lit de Procuste, en lui retranchant tous les membres qui le rendent capable de vie, et c'est là ce que Rittinghausen appelle apporter de la simplicité et de la clarté dans la législation ! Autant soutenir que la scie à refendre apporte de la clarté dans les formes pittoresques d'un vieux chêne ! »

Ce qui distingue Kautsky de Bernstein, ce n'est donc pas que Kautsky méconnaisse l'extrême complexité des choses ; c'est qu'il fait ressortir plus nettement et plus fortement que Bernstein que c'est le prolétariat organisé, avec la force de classe, qui doit dénouer tous les nœuds. Peut-être, il est vrai, conviendrait-il d'ajouter que si c'est un Parlement qui doit organiser le régime socialiste, si la Révolution sociale ne peut être un acte d'un jour, un éclair déchirant brusquement la nuée, les Parlements socialistes, même s'ils représentent exclusivement le prolétariat, seront conduits à négocier avec la société bourgeoise, à transiger avec ses habitudes, ses préjugés, ses égoïsmes. Ainsi le caractère de classe de la Révolution sociale n'aurait pas la netteté tranchante qu'imaginent certains Marxistes. Quoi qu'il en soit de ces inductions où je dépasse la pensée exprimée de Kautsky, il est intéressant de noter que non seulement le grand théoricien socialiste ne reconnaît pas l'incompatibilité du parlementarisme et du socialisme, mais qu'il prévoit, en pleine victoire socialiste, en pleine révolution sociale, le fonctionnement nécessaire du parlementarisme.

Je n'ai pu, dans cette courte préface, que toucher à quelques-uns des points traités dans le livre. Il en est peu d'aussi substantiels et d'aussi suggestifs, dans la littérature socialiste de tous les pays.

Jean Jaurès.

AVANT-PROPOS

Dans ma brochure sur le « programme d'Erfurt », voici ce que j'énonçai : « La législation directe par le peuple ne peut, au moins dans un grand État moderne, rendre superflu le Parlement; elle peut tout au plus être mise en pratique à côté du Parlement, et pour en corriger l'action, dans certains cas. Faire décider par elle de la législation entière d'un Etat est absolument impossible, et il ne l'est pas moins de lui confier la surveillance et, au besoin, la direction de l'administration publique. Aussi longtemps que subsisteront les grands Etats modernes, la plus grande part de l'activité politique incombera toujours à des Parlements. » (P. 220, 221.)

Ces considérations ont suscité une vive opposition de la part de quelques camarades du Parti, en particulier de Charles Bürkli qui, depuis si longtemps, coopère au mouvement socialiste suisse, et le « Vorwaërts » de Berlin a publié de lui une série d'articles où elles étaient discutées.

C'était une invitation d'autant plus pressante à défendre mon opinion d'une manière plus approfondie, que les écrits de Rittinghausen en faveur de la législation directe, colportés dans le Parti, n'ont pas encore, que je sache, été soumis à la critique, bien qu'ils se trouvent en contradiction absolue avec la tactique de la Social-Démocratie « parlementaire » ; d'ailleurs, en faveur de ces idées venant de la Suisse, il se fait précisément à l'heure actuelle une propagande active : ce sont les organisations ouvrières suisses, entre autres, qui ont émis, au congrès international de Zurich, une proposition en faveur de la législation directe.

Mais il ne s'agit pas seulement, dans le présent travail, de critiquer l'idée de la législation directe : cela ne répondrait pour le moment qu'à un intérêt presque purement académique. La question à examiner — et elle est étroitement liée à celle-là, — est celle de l'importance que le Parlementarisme et le suffrage universel ont pour le Prolétariat militant, et de l'attitude que la Social-Démocratie doit observer vis-à-vis de ces institutions. Par là cet écrit touche au domaine de la politique pratique, où la vie a devancé la théorie. La Social-Démocratie allemande a obtenu de merveilleux résultats sur le terrain de l'activité parlementaire, avant d'avoir soumis à un examen théorique approfondi l'attitude qu'elle devait prendre vis-à-vis du Parlementarisme : cela n'est point pour étonner de la part d'un parti qui est un parti de lutte, un parti de prolétaires, et non un parti de professeurs !

Le présent travail n'a pas la prétention d'établir ces fondements théoriques. Il n'offre point une étude définitive sur le Parlementarisme et sa signification pour le prolétariat, mais seulement une brève indication sur ce qu'il a été à l'origine et sur ce qu'il est, en même temps qu'un éclaircissement sur les points qui nous ont paru les plus importants par rapport à la lutte de classe du prolétariat. Ce n'est pas en spectateur, mais en homme qui participe à cette lutte, que l'auteur a rassemblé les observations sur lesquelles il s'appuie ; et ce n'est pas à de savantes études, que ces pages doivent servir, mais à l'accélération du combat, de la lutte politique. Puissent-elles atteindre leur but !

Stuttgart, le 20 juillet 1893.

K. Kautsky.

I

INTRODUCTION.

Dès les débuts du mouvement ouvrier socialiste, le prolétariat s'est efforcé d'exercer une pression sur les Parlements, d'acquérir de l'influence dans leur sein et de parvenir ainsi à la puissance politique ; et dès les débuts du mouvement, dans les rangs mêmes des socialistes, on s'est opposé à cet effort.

Le mouvement chartiste anglais d'il y a un demi-siècle, nous présente déjà cette opposition : les Chartistes, eux, emploient toutes leurs forces à lutter pour le suffrage universel et la journée de 10 heures ; les partisans du socialisme philanthropique, des utopistes, au contraire s'opposent de la manière la plus décidée à toute tendance entraînant le prolétariat et les socialistes dans les luttes parlementaires.

Le prolétariat militant socialiste a fait depuis, en théorie comme en pratique, des progrès considérables ; il a gagné en profondeur de vue et en expérience, et cependant la vieille querelle revient toujours sur l'eau : la participation aux luttes parlementaires, — conquêtes des sièges et batailles parlementaires, — est-elle nécessaire, est-elle même avantageuse pour le prolétariat, ou bien n'est-elle pas plutôt propre à le corrompre et à lui nuire ?

Cette question a pris de nos jours une importance toute particulière, car les luttes les plus vives du prolétariat se livrent maintenant autour des Parlements : en Russie, l'agitation en faveur d'une représentation populaire constitue le noyau des revendications du parti révolutionnaire ; en Suède et en Autriche, les Partis ouvriers luttent pour le suffrage universel ; en Belgique, prenant brillamment l'offensive, ils ont récemment remporté une première victoire ; en Allemagne, où il y a menace de conflit entre le Parlement et l'Empire, on redoute pour le suffrage universel des tentatives d'escamotage ; en France, la question de la revision de la Constitution est de plus en plus au premier plan, et dans cette revision, il serait surtout question du Parlement dont on cherche à combattre la corruption, dévoilée par l'affaire du Panama ; en Angleterre enfin, quelques-unes des plus importantes questions, peut-être les plus importantes après celle du *home rule*, sont celles qui concernent la réforme parlementaire, l'extension du suffrage, l'obtention d'une indemnité parlementaire, le paiement des frais électoraux par l'Etat ou les comités de vote, etc.

La question du Parlementarisme n'est donc pas une question théorique; elle est une question éminemment pratique.

Les adversaires du Parlementarisme se partagent en deux camps : le premier est formé de ceux qui le condamnent, parce qu'ils ne veulent entendre parler à aucun prix de participation du prolétariat aux luttes politiques : ce sont les anarchistes. Nous ne chercherons pas à les réfuter ici ; il se manifeste d'ailleurs parmi eux presque autant de tendances qu'il y a d individus : discuter avec eux nous conduirait à discuter les fondements théoriques de notre Parti, et ce n'est point l'objet du présent travail.

Nous voulons seulement nous occuper du deuxième groupe composé de camarades qui sont pleinement convaincus de la nécessité de la lutte politique, mais qui soutiennent que le système représentatif n'est pas une arme propre au prolétariat. Ils voient dans ce système l'instrument par excellence de la bourgeoisie, des classes possédantes ; ils expliquent que les Parlements sont par leur nature, avant tout, les outils de domination de la classe capitaliste. Que le peuple prenne en main la législation sans en abandonner le soin à des mandataires élus, et il deviendra possible d'obtenir des lois qui défendent résolument les intérêts des exploités. Le passage du Parlementarisme à la législation directe par le peuple, voilà la condition préalable de la victoire du prolétariat (1).

C'est cette manière de voir que nous voulons discuter ici. Mais nous ne voulons étudier cette question de la législation directe que dans la mesure où elle a trait à notre situation présente, à nos revendications présentes. Que la législation directe dans ce qu'on est convenu d'appeler l'Etat futur, puisse être nécessaire, ou possible, ou désirable, voilà ce dont nous nous soucions fort peu. Une fois le prolétariat au pouvoir, il s'inspirera, pour les principes de son organisation, des circonstances de fait qui auront accompagné son triomphe, et auxquelles il devra s'adapter ; il se déterminera d'après les besoins et les ressources, en même temps que d'après les idées qu'il aura à ce moment-là, et non d'après les désirs et les revendications que des politiques d'aujourd'hui, en se fondant sur les circonstances actuelles, sur les besoins, les ressources et les idées du présent, peuvent formuler.

(1) Si le système représentatif ou le régime constitutionnel, ou la république parlementaire dont nous avons sous les yeux le type dans l'Amérique du Nord, est l'instrument politique vrai, adéquat de la bourgeoisie, la législation directe est l'instrument politique par excellence, et le meilleur des classes laborieuses, et en particulier du prolétariat conscient et organisé; elle est le « rabot » législatif avec lequel on peut « raboter » à même la société, si l'on sait bien manier le « rabot » politique. (Charles Bürckli, dans le *Vorwäerts* de Berlin, du 21 octobre 1892.)

II

LA LÉGISLATION DIRECTE DANS LE PASSÉ.

Les défenseurs de la législation directe ont l'habitude d'aller chercher des arguments chez les peuples anciens, notamment chez les Germains, tels que César et Tacite les dépeignent, pour nous présenter l'image de cette situation libre et heureuse, qui dura jusqu'au jour où la violence et la ruse, pour m'exprimer comme eux, mirent fin à la législation directe.

Nous aussi, nous voulons faire un retour vers le passé. La connaissance des fondements de la législation directe et des causes de sa disparition nous fournira quelques points de vue, qui ne sont pas sans valeur pour l'intelligence des efforts actuels vers la législation directe.

A proprement parler, il ne peut être question de législation directe par le peuple chez les Germains, du temps de César, pas plus que chez les autres peuplades qui se trouvent au même degré de civilisation. Car, à ce degré, il n'existe pas encore de lois. Les fonctions des anciennes assemblées germaniques n'ont que peu de rapport avec ce qu'on appelle aujourd'hui législation. En fait, l'assemblée des hommes libres et aptes à la guerre formait dans la tribu le tribunal suprême, chargé de toutes les affaires publiques. Elle choisissait les fonctionnaires, jugeait les délits, décidait des contestations qui s'élevaient dans le sein de la tribu, réglait les affaires extérieures, etc. Comme alors les rapports sociaux ne changeaient pour ainsi dire pas et restaient sans se modifier des siècles durant, les affaires qui étaient portées devant la tribu étaient toujours généralement les mêmes. Aussi, dans les décisions de l'assemblée, la tradition et les anciens qui la conservaient dans leur souvenir, jouaient-ils un grand rôle.

Comme pour les affaires de la tribu, l'assemblée de la tribu, de même aussi pour les subdivisions de la tribu, les assemblées de leurs guerriers formaient le tribunal suprême.

Nous tournons-nous vers ce degré de civilisation où se trouvaient, par exemple, la plupart des Indiens de l'Amérique du Nord au moment de la découverte du nouveau monde, nous rencontrons alors des institutions encore plus démocratiques : les femmes même ont accès à l'assemblée du peuple. Chez les Germains, du temps de César ou même du temps de Tacite, auxquels les partisans de la législation directe font le plus souvent appel, le concept de « peuple » est donc déjà limité. Il n'embrasse plus que les hommes, et même parmi les hommes nous trouvons déjà çà et là des « serfs » qui sont privés de droits politiques.

Comment est-il arrivé que les femmes furent exclues du peuple ? La réponse traditionnelle à cette question est le recours à la théorie de la force par laquelle en général on se plaît à expliquer toute espèce de hiérarchie de classes : les hommes étant les plus forts ont subjugué les femmes On comprend facilement que maints défenseurs de l'ordre social actuel aient adopté cette théorie, — surtout en la rattachant au Darwinisme, car il y a eu toujours des inégalités de force et d'intelligence entre les individus et il y en aura toujours, et cette théorie ne signifie rien d'autre, sinon que la différence dans les conditions sociales est fondée en nature, est éternelle : c'est tout au plus la forme de cette différence qui change ici ou là.

Mais, si l'on considère la conséquence de cette théorie, il est difficile, entre parenthèses, de comprendre comment des adversaires de la hiérarchie des classes ont pu l'accepter de préférence à toute autre. La théorie de la force n'est pas seulement désolante ; elle n'explique rien, car, si l'on peut conclure de cette théorie que les différences de classes sont fondées en nature et sont éternelles, on doit aussi en conclure qu'elles ont toujours existé depuis qu'il y a des hommes

Or, nous savons qu'il n'en est rien ; nous savons

même mieux que cela, nous savons que l'égalité était la condition primitive des peuples et a fait place seulement peu à peu à l'inégalité, et que chaque progrès dans cette direction caractérise un stade particulier de civilisation. La différence entre le plus fort et le plus faible, entre le plus et le moins intelligent, qui a toujours existé et existera toujours, ne peut pas le moins du monde nous expliquer pourquoi, chez tous les peuples, c'est précisément à tel ou tel degré de culture, que telle ou telle espèce de soi-disant plus forts ou plus habiles ont éprouvé le besoin de subjuguer les faibles et les simples, et pourquoi c'est justement à ce degré qu'ils y ont réussi. Pour trouver à ce phénomène une explication, nous n'avons pas à examiner la « nature humaine », mais les particularités qui caractérisent tel ou tel degré de civilisation : c'est cela, et non la théorie de la force, qui peut nous donner la clef pour l'explication des différences de classes qui alors se formèrent.

La base essentielle des caractères distinctifs de chaque degré de civilisation, c'est son *mode de production* particulier. Par lui s'expliquent les fonctions sociales particulières des différentes classes, et les fonctions de chaque classe déterminent le rôle qu'elle joue dans la société.

La première division du travail que nous rencontrons dans l'histoire, c'est celle de l'homme et de la femme. Dès qu'un ménage se forme, aux stades les plus lointains de l'état sauvage, le soin en incombe aux femmes. La vie de conquête, en dehors de la maison est de plus en plus le domaine exclusif de l'homme. Quelles causes entrent ici en jeu ? Nous n'avons là-dessus que des présomptions.

Pendant toute la longue période de barbarie, le progrès technique se fit surtout dans le domaine des travaux domestiques attribués aux femmes. Le champ de travail de la femme, par suite, s'étend d'une manière extraordinaire. Aux travaux « féminins » appartenait alors le soin du bétail et de la culture quand il n'était encore que peu important; plus tard s'ajoute le travail de la plupart des matières premières, le filage et le tissage, la fabrication de la vaisselle d'argile, etc. Chez beaucoup de peuples, c'est à la femme qu'incombait presque exclusivement le dur travail du bâtiment. Le travail des hommes, au contraire, pendant la période barbare, n'augmente que peu ou pas du tout, l'homme reste ce qu'il était, guerrier et chasseur. Ce n'est que là où l'élève du bétail prend une plus grande extension, que les hommes y participent aussi, mais, le plus souvent, ce ne sont que les jeunes gens non encore aptes à la guerre. Rien d'étonnant qu'à ce degré de civilisation, la femme apparaisse, vis-à-vis de l'homme, comme une bête de somme. Elle est si surmenée qu'elle n'a pas le temps de participer à la vie publique; il lui est d'ailleurs impossible d'abandonner la maison pour un temps plus ou moins long, puisque journellement, bien mieux, heure par heure, elle y est indispensable. Aussi, pendant la période de barbarie, nous la voyons se retirer de plus en plus de la vie publique ; elle n'y participe qu'indirectement et peu à peu en disparaît tout à fait.

La situation de l'homme n'a pas changé. Sa présence n'est pas nécessaire à la maison; il peut rester absent des jours et des semaines, sans que les affaires du ménage puissent en souffrir. A ce degré de civilisation, il peut par conséquent se consacrer tout autant à la vie publique que dans la période de l'état sauvage, si toutefois l'on peut parler d'une vie publique dans ce dernier état; même, il trouve beaucoup plus de temps et d'occasions qu'auparavant pour s'y consacrer, grâce au travail accrû de la femme, qui, au stade plus avancé de cette période, est déjà exploitée en compagnie d'esclaves. Ainsi, nous trouvons une vie démocratique très active pour les hommes, de nombreuses assemblées de toutes sortes qui souvent durent plusieurs jours, interrompues de festins, et dans lesquelles le peuple règle et instruit les affaires les plus diverses.

Plus l'homme était indépendant du ménage, plus grande pouvait être l'extension de la vie publique, sans qu'elle perdît sa base démocratique : « la législation directe par le peuple ». Les progrès de la production permettaient de nourrir plus d'hommes qu'auparavant sur le même domaine; la croissante indépendance de l'homme vis-à-vis du ménage lui donnait en outre le loisir d'entreprendre des voyages chaque jour plus lointains pour aller aux assemblées.

Ainsi, pendant la période de la barbarie, les tribus particulières s'accroissent de jour en jour, plusieurs tribus finissent par se réunir en un seul peuple, pour lequel, comme pour la tribu et la *gens*, l'assemblée populaire forme le plus haut tribunal dans toutes les affaires publiques.

III

LA LÉGISLATION DIRECTE DANS LA CIVILISATION.

Ce degré une fois atteint, l'histoire ne s'arrête pas là. Beaucoup de peuples l'ont dépassé et se sont élevés jusqu'à la civilisation.

Ce qui détermina avant tout cette ascension, ce furent les progrès de l'agriculture. Elle passa de plus en plus au premier plan, tandis que la chasse et souvent aussi l'élevage du bétail (en dehors des contrées où le développement de l'agriculture se heurtait à de trop grands obstacles) devinrent de moins en moins importants; la chasse, d'un moyen d'existence qu'elle était, finit par n'être plus qu'un simple sport, un simple passe-temps. Chez les Germains, dans le cours des migrations des peuples, et sous l'influence de la culture romaine, ce développement atteint rapidement son maximum d'intensité. Nous ne voulons d'ailleurs pas envisager les caractères particuliers qui sont dus à l'influence de la culture romaine, et nous prenons en considération les seuls côtés du développement des peuples germaniques qui sont conformes au type général.

Plus l'agriculture et à côté d'elle l'élevage du bétail deviennent l'occupation principale des associations familiales ou des familles patriarcales, et moins les seules forces de la femme suffisent à l'accomplissement de ces travaux. Au temps de Tacite, les esclaves devaient déjà, avec les membres de l'association familiale qui n'étaient pas guerriers, enfants, jeunes gens, vieillards, aider aux travaux des champs. Mais bientôt, les guerriers eux-mêmes durent s'y mettre. De chasseur et guerrier, l'homme pendant les migrations devient un paysan ; il se fixe maintenant à la maison avec la femme, et comme le haut degré que l'agriculture a désormais atteint, lie la maison à la glèbe, il reste cloué à la glèbe, il devient sédentaire.

Cette révolution dans le mode de production amène aussi une révolution dans l'ensemble des rapports politiques et sociaux.

Aux degrés précédents de culture, la guerre avait joué dans la production un rôle prépondérant ; elle était en général un combat, pour ce qui constituait alors le plus important moyen d'existence, le territoire de chasse ou de pâturage, qu'il s'agissait de défendre ou de conquérir. Là où un peuple barbare était voisin d'un peuple civilisé, à la guerre pour le territoire en litige, s'ajoutait le pillage, entreprise qui rapportait aux barbares vainqueurs un riche butin. Il y eut des peuplades barbares, dont le plus important moyen de vivre fut la mise à sac de leurs voisins civilisés. Être guerrier, c'était en de telles circonstances très lucratif et coûtait peu. Les armes dont on se servait pour la guerre étaient généralement les mêmes que pour la chasse, cet important moyen de production. Et le temps nécessaire pour guerroyer ne manquait pas, comme nous l'avons déjà vu.

Il en fut autrement lorsque, de chasseur et berger nomade ou à demi-nomade, l'homme devint un paysan sédentaire. A la guerre, le paysan ne peut pas gagner grand'chose. Lié à sa glèbe, il n'a pas besoin d'un domaine étranger. Pour occuper le territoire conquis, il devrait abandonner celui qu'avec tant de peine il a déjà acquis. Même le pillage ne lui promet pas un trop riche butin ; ses voisins sont au même degré de culture que lui, ou même à un degré plus bas. Si donc, d'un côté, le gain qu'il peut retirer de la guerre décroît, d'un autre côté s'accroissent les charges de guerre. Les nouveaux instruments de production ne peuvent plus servir à la guerre. En même temps que la technique agricole, celle de la guerre a également changé ; et les armes, devenues plus coûteuses, sont sans usage dans la vie économique.

Mais voici circonstance la plus décisive :

Le paysan est lié à sa maison et à sa ferme, et il ne peut les abandonner sans compromettre très gravement son entreprise. Une guerre trop longue met en péril son existence et celle de toute sa famille.

La guerre était un droit dont l'homme libre était fier ; c'est maintenant une charge de plus en plus lourde, qui souvent précipite le paysan dans l'esclavage et la misère.

Mais il ne dépend pas du paysan d'éviter ou non la guerre. Sans vouloir nous arrêter aux causes des guerres de conquête à cette époque, ce qui nous entraînerait trop loin, le bien-être que la culture donnait aux paysans, attirait les peuplades barbares et nomades, et ces invasions forçaient le paysan à abandonner sa moisson pour la défendre.

Dans cette situation, que devait-il arriver ? Pour ne pas perdre le tout, le paysan dut céder une partie. Le travail, à ce degré de civilisation, s'est développé assez pour produire au delà des besoins stricts du paysan et de sa famille. Grâce à cet excédent, le paysan peut acheter un défenseur, entretenir une certaine classe d'hommes dont il cultive le champ, dont il bâtit et entretient la maison, etc., leur permettant par là de se consacrer au métier des armes sans dommage économique pour eux : ainsi dans la période de la barbarie, le travail de la femme avait permis à l'homme de s'adonner à la chasse et à la guerre. Cette classe libère le paysan du devoir militaire, et protège gens et pays. Tel est le fondement économique de la caste militaire. Cette caste prend, d'après les conditions historiques différentes parmi lesquelles elle se développe, les formes les plus diverses : tantôt ce sont les chefs de *gens* et de tribu, ou autres fonctionnaires de la communauté qui, avec leurs suivants et serviteurs, constituent cette noblesse guerrière ; tantôt c'est une peuplade barbare qui, ayant fait irruption dans le pays, accapare les fonctions et naturellement aussi les revenus de la noblesse ; tantôt ce sont des hordes de mercenaires, etc., etc. Mais, si diverses que puissent être les origines de la caste guerrière, elle apparaît partout où l'agriculture devient la branche principale de la production, — sauf naturellement dans les contrées inabordables ou d'accès difficile ; — elle est à ce degré de civilisation une nécessité économique. Et si la plupart du temps ce n'est pas sans violences qu'elle peut installer sa domination, cela ne prouve rien là contre. La force peut aider à accoucher une société nouvelle, mais ne saurait la procréer.

Ce qui arriva pour la défense du sol, se produisit également pour l'administration, la législation et la justice. La société se compliqua chaque jour davantage, la division du travail alla se développant, des différences de vocation et de classes commencèrent à naître ; la propriété privée prit de l'extension et de l'importance, des antagonismes se formèrent dans la société ; les charges de l'administration, de la législation et de la justice devinrent chaque jour plus nombreuses, plus diverses et plus lourdes. Les assemblées populaires, qui de temps en temps se réunissaient pour expédier toutes ces affaires et s'en tenaient généralement à la tradition, commencèrent à ne plus suffire. Pendant que s'étendait le ressort des assemblées, décroissait l'aptitude, voire même la possibilité, pour la masse du peuple, d'égaler sa compétence à la complication des affaires. Comme le service des armes, le paysan peu à peu chercha à reporter sur d'autres les plus pressantes de ses fonctions politiques et judiciaires ; et naturellement on ne s'en acquittait pour lui que moyennant une compensation équivalente.

Le plus simple était de les confier aux mêmes personnes sur lesquelles il s'était déchargé du service militaire. En fait, nous trouvons, partout où ce développement s'est accompli (sans que l'influence d'une civilisation plus avancée y ait contribué, comme par exemple en Egypte), qu'originairement il n'y a qu'une classe ou caste dirigeante. En général cependant, cette classe se divise plus tard en deux : celle des guerriers, et celle de ceux qu'on appelle les prêtres, qui remplissaient les plus importantes fonctions de l'administration, de la législation et de la justice. Sous l'influence de circonstances historiques particulières, comme par exemple chez les Germains, qui héritèrent de l'empire romain, cette division en deux se rencontre tout d'abord.

C'est ainsi que les vieilles libertés populaires, dans les débuts de la civilisation, sont allées chaque jour se perdant ; ce qui les mettait de côté, ce n'était pas la ruse des prêtres ni l'avidité dominatrice des rois, mais le développement du mode de production. Ce qui le prouve bien, c'est qu'au moment où les libertés populaires commençaient à disparaître, chez les Germains de l'Ouest, dans les premiers siècles après les migrations, les rois et leurs fonctionnaires ne cherchaient pas à opprimer ni à interdire les assemblées du peuple ; au contraire, ils s'efforçaient de maintenir active la participation du peuple à ces assemblées ; ils infligaient des punitions à ceux qui n'y paraissaient point au temps prescrit.

En effet, toute interruption des assemblées du peuple s'accompagnait de gros inconvénients pour la vie publique, des organisations distinctes n'étant point encore formées pour reprendre leurs fonctions. Lorsque ces organisations se furent constituées et furent devenues des sources de puissance et de richesse, la face des choses changea. On n'essaya plus, dès lors, de ressusciter les vieilles libertés, mais on s'efforça au contraire d'assurer les fondements de la puissance et la richesse de ces organisations nouvelles. Ainsi la domination, pour le clergé comme pour la noblesse guerrière, prend sa racine dans leur nécessité économique.

D'ailleurs, les libertés populaires ne disparurent pas complètement avec la domination du clergé et des nobles. Cela n'arriva qu'au temps de l'état *bureaucratique*. Les libertés populaires voient seulement se rétrécir leur domaine. Les paysans n'ont plus le temps ni l'occasion de participer au règlement des affaires de la tribu et de l'Etat. L'administration des affaires de la commune reste entre leurs mains, et cela leur suffit. Chaque commune rurale devient désormais une unité économique qui se suffit à elle-même et qui prospère d'autant mieux qu'elle a moins de relations avec l'extérieur. L'intérêt pour les affaires de la tribu, le sentiment collectif s'éteint de plus en plus, la commune devient le monde du paysan (1), sa politique, une politique de clocher des plus bornées.

Dans la même mesure où s'accomplit ce développement, les nouvelles communautés, les Etats qui s'étaient formés d'anciennes tribus et de groupes de tribus, perdent leur consistance organique. Au temps qui précéda la civilisation, la tribu reposait sur une union indissoluble de tous ses membres ; l'Etat, dont nous avons maintenant à parler, et que, par exemple, la féodalité du moyen âge nous représente, repose presque exclusivement sur l'union des classes dominantes, noblesse et clergé. Les com-

(1) En russe, mir signifie monde et commune.

munes n'ont avec l'Etat aucune union organique.

On pouvait anéantir ou opprimer la tribu : on ne pouvait pas à volonté lui prendre des membres pour les mêler à d'autres tribus. La tribu formait une unité indissoluble. Les Etats du moyen âge ou de l'Orient forment au contraire de simples agrégats de communes ou de cantons. On peut en détacher chaque pièce et la souder à un autre agrégat sans changer rien d'essentiel à la vie des communes. Avec la plus grande facilité, un conquérant heureux ou un « habile spéculateur en mariage » — naturellement de sang royal — peut à ce degré de civilisation élever un grand empire par conquête ou par mariage ; il est vrai que ce grand empire s'écroule aussi facilement à la moindre attaque d'un ennemi.

Les membres des communes ne se soucient pas beaucoup des changements qui se produisent à l'intérieur des classes qui les dominent, ils ne s'en ressentent pas d'une manière efficace, il leur est égal de fournir leurs prestations et leurs corvées à Pierre ou à Paul. Et vouloir se garantir contre un changement quelconque ne les avancerait guère, car, dans son isolement, la commune se trouve réduite à l'impuissance par la forte organisation des classes dominantes.

Avec leur manque de cohésion et leur indifférence à l'égard de la politique générale, ces communes représentent l'idéal de beaucoup d'anarchistes. Mais ce sont précisément ces « qualités » qui, comme Engels l'a remarqué déjà à propos du despotisme oriental, constituent la base du despotisme illimité des classes dominantes, que ce soit le despotisme d'une noblesse guerrière ou d'une caste de prêtres, ou d'un chef de l'une ou de l'autre de ces classes.

IV

LA DÉMOCRATIE URBAINE DANS L'ANTIQUITÉ.

D'ailleurs, de cette vie des communes, un nouvel essor de la démocratie devait sortir, là où les circonstances s'y prêtèrent.

Le développement de la vie économique conduisit à la naissance et à la prospérité de l'industrie et du commerce dans les communes que leur situation géographique ou les conjonctures politiques favorisèrent. Ces communes grandirent en population et en bien-être, s'entourèrent de remparts, afin d'assurer une sécurité plus grande aux richesses qu'elles cachaient en leur sein, et devinrent des villes. Grâce à des circonstances particulièrement heureuses, elles se développèrent jusqu'à atteindre une grandeur et une puissance considérables. Beaucoup d'entre elles réussirent à conserver leur indépendance, ou l'ayant perdue, à la reconquérir. Plusieurs parvinrent même à dominer, à mettre sous leur dépendance d'autres communes, à fonder des empires, qui rivalisèrent en extension avec des royaumes, comme par exemple l'empire d'Athènes. Et l'on sait quel énorme empire mondial la ville de Rome a fondé.

En même temps que ces villes s'accroissaient en puissance et en richesses, de violentes luttes éclataient dans leur sein.

A l'origine, la commune ne faisait qu'un avec l'association du domaine communal. C'est-à-dire que le domaine communal, la part du domaine commun qui n'était pas encore tombée en propriété privée, appartenait à la commune ; les membres de la commune participaient en même temps de ce domaine, il était mis en valeur par la collectivité, ou si l'usage en était privé, c'était suivant des règles solidement établies par l'association.

Un étranger arrivait-il dans la commune, — ce qui ne se présentait qu'assez rarement, étant donné le caractère sédentaire des paysans, — si la commune l'acceptait comme membre, il participait également au domaine communal. Il y avait à l'origine du bien-fonds en abondance.

Cet état de choses se modifia d'abord dans les villes. Les avantages qu'elles offraient étaient en général si considérables, qu'elles exerçaient une grande force d'attraction sur les habitants de leur ressort, proche ou lointain, et même sur les habitants des pays étrangers. L'immigration étrangère s'accrut. Les bien-fonds commencèrent à devenir trop étroits et à acquérir une valeur. Le résultat, ce fut que les associés primitifs cessèrent de partager le sol avec les nouveaux arrivants. L'association se ferma : ses membres ne furent plus qu'une partie des membres de la commune. A l'intérieur de la ville grandit l'antagonisme entre les associés qui deviennent une aristocratie foncière et souvent aussi commerciale, les patriciens et le reste de la ville : les plébéiens, qui sont exclus non seulement de la jouissance du domaine commun, mais aussi de l'assemblée des associés qui exerçait la puissance législative, en partie aussi la puissance judiciaire et le contrôle sur l'administration publique.

Les membres exclus de l'association se soumirent d'abord à cet état des choses, ils n'étaient que tolérés dans la cité et les associés l'emportaient de beaucoup sur eux, sinon peut-être en nombre, du moins en importance économique.

Mais l'importance économique des patriciens diminua chaque jour par rapport aux plébéiens ; les exclus de l'association s'accrurent en nombre et en puissance économique. L'agriculture cessa de former la base économique de la ville, commerce et industrie prirent la première place, la puissance économique passa des propriétaires fonciers aux marchands et aux artisans. Et plus ce développement s'accentua, plus ces derniers se sentirent puissants, plus impatients ils se montrèrent d'être privés de droits politiques.

plus résolument ils combattirent les privilèges des patriciens. Ceux-ci durent leur faire concessions sur concessions. Les plébéiens obtinrent de faire partie du gouvernement et du domaine communal de la ville. Cette participation au gouvernement de la cité s'étendit plus ou moins loin selon les rapports de puissance des différentes classes. Sous certaines circonstances, il arriva que l'assemblée souveraine qui formait le tribunal suprême dans toutes les affaires publiques, qui non seulement faisait les lois, mais choisissait les fonctionnaires et exerçait la justice, il arriva que cette assemblée fut, comme dans les temps primitifs, l'assemblée de tout le peuple.

Le plus éclatant exemple d'une telle résurrection de l'ancienne démocratie sur une nouvelle base, c'est Athènes, qui était devenue la capitale d'un grand empire.

Mais, où conduisit cette « législation directe par le peuple » ?

L'administration d'un grand empire comporte de nombreuses et diverses affaires ; le peuple d'Athènes fut à leur hauteur, mais *il devait consacrer presque tout son temps à leur soin.*

La conséquence naturelle, ce fut qu'en fait, la puissance politique échut aux seuls groupes de la cité qui étaient en état de consacrer tout leur temps aux affaires publiques. Mais à ces groupes n'appartenaient ni les paysans des environs, ni les libres artisans de la ville. L'administration de la cité, la législation et la juridiction suprême tombèrent entre les mains de ceux qui vivaient aux frais d'autrui : riches parasites et pauvres parasites — les gros propriétaires fonciers, les gros commerçants et fabricants (1), et les gueux (Lumpenproletarier).

Mais les déclassés, les prolétaires vagabonds n'ont aucun intérêt particulier de classe. La puissance politique entre leurs mains ne peut être un moyen de conduire l'Etat et la société dans une direction déterminée répondant aux intérêts d'une classe déterminée, mais seulement un moyen de satisfaire leurs intérêts éphémères et personnels. Le prolétariat des vagabonds se servait de sa puissance politique pour la vendre au plus offrant, c'est-à-dire aux riches qui se conciliaient les prolétaires par des fêtes et des prodigalités, — pain et jeux comme à Rome, les jeux étaient seulement d'autre sorte. — L'esclavage leur en fournissait les moyens.

Le parasitisme *étatiste*, sous ses différentes formes, se développa, en partie des efforts des

(1) A Athènes, il y avait de nombreuses fabriques, ergasteria, dont les ouvriers étaient des esclaves. Dans la guerre du Péloponèse, plus de 20.000 esclaves s'enfuirent d'Athènes à Dekelrin occupé par les Spartiates. La plupart d'entre eux étaient des esclaves de fabrique. Le politicien démocrate Cléon, le « corroyeur », n'était pas artisan, mais possesseur d'une fabrique de cuir.

classes moyennes, pour soustraire les vagabonds à la séduction des riches, en partie des efforts de ces prolétaires, pour tirer de l'Etat des profits immédiats : solde que peu à peu on paya pour la participation aux affaires publiques, aux assemblées judiciaires (solde des héliastes), aux assemblées populaires (solde des ecclésiastes), aux fêtes aussi (théoricon). Mais, d'où tirait-on les moyens de payer ces soldes? En partie des impôts mis sur les classes moyennes, en partie du travail des esclaves, qui se présentent ici comme les nourriciers du peuple souverain d'Athènes, mais en partie aussi des tributs que les villes soumises, « les alliés », avaient à payer.

Et ce n'est pas tout. Depuis Périclès, ce fut un moyen favori des hommes d'Etat athéniens pour se rendre populaires de confisquer le pays des vaincus pour l'offrir à des citoyens d'Athènes. Le pays confisqué était partagé en lots, et ces lots étaient distribués à des citoyens d'Athènes que pour cela on appelait des κληρουχοι. Peut-être voulait-on ainsi transformer en paysans les citoyens dépossédés, mais alors le moyen était bien mal choisi. Les vagabonds aimaient mieux s'amuser dans Athènes à ne rien faire que d'aller dans un village mener à force de peines une existence monotone. Ils préféraient rester à Athènes et louer leurs lots aux propriétaires qui les occupaient. La κληρουχια fut ainsi au fond un moyen de faire entretenir les vagabonds d'Athènes par des paysans payant un fermage pour faire leur travail. Cette institution explique en grande partie l'excessive soif de conquêtes d'Athènes, mais elle explique aussi la haine terrible qui s'accumulait contre elle parmi ses sujets.

L'effet de ces institutions ne fut pas d'affaiblir l'influence des riches sur ces pauvres qui vivaient dans l'oisiveté économique sinon politique, mais de réduire aussi les classes moyennes travailleuses en leur faisant abandonner le profit qu'elles tiraient de leur activité économique pour y substituer les « petits » bénéfices de l'activité politique.

Une nouvelle classe de vagabonds parasites fut ainsi bel et bien créée.

Mais devant l'ascension du prolétariat salarié, la démocratie a toujours trouvé son seul appui dans les classes moyennes, paysans et artisans. Les gueux ont toujours vendu leurs libertés et leurs droits, pour lesquels ils n'ont jamais osé combattre sérieusement. Aussi, quand la masse de la population athénienne se trouva composée de ces gueux, l'heure de la liberté avait sonné.

L'histoire de Rome présente avec celle d'Athènes beaucoup d'analogie.

Ainsi, ici comme chez les barbares, nous trouvons que la « législation directe par le peuple » repose sur le travail d'autrui : dans la barbarie, sur le travail des femmes, dans la civilisation, sur le travail des esclaves et des tributaires. Et de même que la liberté primitive finit en despotisme, c'est le despotisme aussi qui couronna l'essor plus récent de la démocratie dans les villes.

V

LE SYSTÈME REPRÉSENTATIF.

Des traces d'institutions représentatives se trouvent de bonne heure, même dans la période de la barbarie. En fait, dès que le domaine des affaires publiques devint trop vaste, dès qu'il embrassa un ressort trop étendu pour qu'il fût possible de s'en occuper dans une assemblée comprenant l'ensemble des intéressés, le moyen le plus simple fut de remplacer l'assemblée générale par une assemblée de quelques mandataires peu nombreux.

Nous rencontrons de telles assemblées déjà, par exemple, chez les Iroquois. Mais ce n'est pas seulement par des caractères extérieurs, c'est aussi sur des points très essentiels que diffèrent d'une façon très marquée les Parlements d'aujourd'hui et ces assemblées de délégués. Prenons par exemple la confédération des Iroquois. A la suite d'alliances passagères, faites surtout en vue d'une guerre commune, cinq tribus en vinrent à former une union solide. Le groupe était trop vaste pour qu'une assemblée générale du peuple pût s'occuper des affaires publiques.

Une petite assemblée de délégués, formée des chefs de « *gentes* » des cinq tribus, régla les affaires communes. Mais cette assemblée n'était pas souveraine. Elle n'avait pas le droit d'imposer une décision à la minorité. Les chefs ne votaient pas par tête, mais par tribu, et une décision devait être prise à l'unanimité pour avoir force de loi. Une telle assemblée était aussi peu un Parlement législatif que le peut être un congrès universel des Postes. Chaque délégué particulier n'était pas le défenseur des intérêts généraux, comme le sont, en théorie du moins, nos députés modernes, mais le représentant des intérêts particuliers de la tribu qui l'avait envoyé.

Telles furent aussi les assemblées représentatives qui se formèrent dans la période de la civilisation, par suite de l'union de villes ou territoires indépendants en une confédération. Ainsi, par exemple, dans la confédération Helvétique, la Diète, assemblée des délégués de chaque canton, pouvait faire des conventions, à propos des affaires générales, mais non prendre des décrets à la majorité. Aucun canton n'était obligé de reconnaître un décret qui ne lui agréait pas. Il n'en allait pas beaucoup autrement avec les assemblées des Etats qui, dans les monarchies de l'Europe féodale, vers la fin du moyen âge, reçurent une constitution plus précise. Elles sont la continuation des anciennes assemblées populaires, mais les éléments fédératifs y pénètrent au fur et à mesure que disparaissent la cohésion et la conscience générale et que les communes particulières et les associations territoriales s'isolent chaque jour davantage les unes des autres.

Nous avons vu de quelle manière les anciennes libertés populaires avaient disparu. Les assemblées d'empire, de province, de district, qui, par suite de l'état sédentaire de la population, avaient remplacé les assemblées de peuples, de tribus, de clans ou *gentes*, ne furent pas abolies ; elles continuèrent à se réunir pour le choix des fonctionnaires, le règlement des affaires publiques, l'arbitrage des conflits ; mais le nombre des hommes libres qui seuls avaient le droit de prendre part à ces assemblées décroissait et, parmi ces hommes libres, le nombre de ceux qui avaient la possibilité d'y assister allait diminuant.

En France, chaque sujet de l'Empire avait le droit de paraître à l'assemblée, s'il était libre et majeur.

« Mais en fait, en dehors des envoyés du roi, des grands de l'Eglise et des seigneurs, spécialement convoqués, il n'y avait que gens du même rang. Parmi les hommes libres de rang inférieur ne s'y montraient que les habitants des environs ou les personnes ayant une requête particulière à présenter (1). »

Mais ces hommes libres de petite condition restaient absolument à l'écart. Le roi ne s'occupait pas d'eux, il n'avait d'attention que pour ceux qui avaient à placer un vote de poids dans la balance, de ceux dont en fait il dépendait, les grands seigneurs de la terre, les évêques et les abbés, les ducs et les comtes.

Les assemblées de pays et d'empire, dans les différents Etats christiano-germaniques, devinrent de plus en plus de simples réunions de nobles à la cour des rois et autres princes. Leur importance décrut à vue d'œil, elles perdirent le droit de choisir les fonctionnaires publics : les charges devinrent héréditaires ou furent conférées par le roi. Les devoirs de la justice suprême prirent une telle complexité que les assemblées de nobles ne furent bientôt plus en mesure de les remplir, comme ç'avait été le cas pour les assemblées populaires. La justice tomba de plus en plus aux mains de juges particuliers.

Ces juges, en rendant la justice, contribuèrent pour une grande part à la l'élaboration d'une jurisprudence. La séparation nette de puissance judiciaire et législative est très récente, et aujourd'hui même, elle n'est pas encore pleine-

(1) F. Dahn, *Histoire des origines des peuples germains et romains*, t. IV, p. 48.

ment accomplie. Les juges autrefois jugeaient le plus souvent d'après la tradition. Se présentait-il un cas jusqu'alors sans exemple, la décision des juges avait en cette affaire force de loi.

A côté de la tradition, pour le règlement des rapports sociaux, il y avait non des lois générales, mais des conventions particulières que des associations et des individus concluaient avec d'autres associations et d'autres individus. Aussi les assemblées de nobles n'avaient-elles pas à se préoccuper de la législation.

Enfin, si l'on considère en outre que l'Etat, respectivement le roi, ne tirait pas ses revenus réguliers des dons de ses sujets, mais de son domaine propre, on comprend alors que les réunions périodiques des assemblées de nobles devinrent chaque jour plus superflues. C'est seulement pour des affaires extraordinaires, quand le roi avait à présenter à « son peuple » des vœux particuliers, qu'il convoquait la noblesse pour s'assurer de son aide et de sa collaboration.

L'essor des communes après les croisades provoqua un nouvel essor des assemblées. Le commerce et l'industrie se développèrent, des villes nombreuses se formèrent et eurent bientôt une puissante vie communale. Maintes d'entre elles, favorisées par les circonstances, parvinrent si haut qu'elles fondèrent des républiques indépendantes ; bien plus, quelques-unes non seulement rejetèrent la domination étrangère, mais, pareilles aux villes de l'antiquité dont nous avons parlé plus haut, réussirent à fonder des empires parfois très vastes, — nous pensons à la république de Venise. Même là où les villes ne s'élevèrent pas si haut, elles devinrent une puissance qu'on ne put ignorer. Avec le temps, ce devint une nécessité pour les rois de consulter, à côté des seigneurs, les représentants des villes, pour s'assurer l'appui nécessaire, quand une affaire d'importance se présentait.

Un nouvel élément survint ainsi dans les assemblées, — ou plutôt il en survint deux. Car l'Eglise ne s'était pas beaucoup occupée d'abord des assemblées des nobles, dont elle était exclue d'ailleurs très souvent. Pour faire valoir ses intérêts dans l'Etat, elle avait eu recours à d'autres moyens que de pénétrer dans des assemblées de nobles. Mais maintenant que les hautes assemblées représentatives, — ainsi faut-il désormais les appeler, — reprenaient une vie et une importance nouvelles, par l'entrée en scène des délégués des villes, elle y prêta une attention plus grande.

Ainsi, ces assemblées représentatives devinrent l'assemblée des Etats généraux ; les formes qu'elles revêtirent furent très diverses. Quelquefois, la noblesse et le clergé restaient unis en un seul ordre, les délégués des villes formèrent un second ordre, puis, la noblesse et le clergé se séparent de nouveau, et nous trouvons trois ordres. Même la division de la noblesse en haute et petite noblesse fut représentée. Selon les circonstances, les députés de la petite noblesse se joignirent aux députés de la bourgeoisie des villes. Parfois aussi, il fallut tenir compte des paysans, qui, les circonstances aidant, parvenaient en grand nombre à secouer le joug féodal et à conquérir la liberté et de la puissance. Il s'adjoignit alors à la députation des villes une députation des campagnes, qui tantôt s'unit à celle des villes, tantôt forma un ordre à part, le quatrième.

Ces Etats généraux gagnèrent rapidement en autorité et en puissance. Car plus le commerce et l'industrie se développaient, moins les revenus du domaine royal suffisaient à faire face aux besoins de l'Etat. Les juges à la solde, — la plupart juristes romains, — devinrent de plus en plus nombreux ; à côté du haut travail judiciaire, tombèrent bientôt entre leurs mains l'une ou l'autre branche du pouvoir judiciaire inférieur. L'emploi des armées mercenaires commença alors à se développer, — aux environs du XIVe siècle. La justice et la guerre, alors encore les charges principales de l'Etat, devinrent chaque jour plus coûteuses, et non moins onéreux se fit le luxe qui se développa dans les cours royales. Les rois commencèrent à avoir besoin d'argent, et leurs exigences ne firent plus que croître et embellir. Un état de gêne commença pour eux.

Les pauvres diables cherchèrent à se maintenir sur l'eau par tous les moyens : ils s'endettèrent, firent des banqueroutes frauduleuses, altérèrent les monnaies, dépouillèrent de riches bourgeois, en particulier de riches juifs, etc. (1).

Mais tous ces moyens de politique financière à la « père du peuple », si fructueux qu'ils pouvaient être de temps en temps, ne parvenaient pas à subvenir à tous les besoins de l'Etat et de la cour. Il apparut de plus en plus nécessaire de faire contribuer à l'entretien de l'Etat, par des impositions consenties, l'ensemble des « sujets. » Les *impôts furent découverts.*

Mais les seigneurs n'accordaient pas toujours ces impôts sans compensation. Des paysans sans défense, on pouvait les écorcher à plaisir ; mais, devant des classes puissantes qui étaient représentées dans les Etats généraux, il fallait s'incliner. Il arriva ainsi, quelquefois, que l'administration publique fut en réalité dans la main des Etats et d'une commission élue par eux, dont le prince n'était plus que l'instrument passif.

Ces Etats généraux furent les prédécesseurs des Parlements modernes. Mais ils reposaient encore

(1) En même temps que cette politique d'escroquerie royale, se développa de manière édifiante la législation sanguinaire, la plus cruelle qui se puisse imaginer contre les filous de petite envergure, et même déjà contre les mendiants et les sans-travail. On ne laissait pas seulement courir les grands voleurs, mais c'était eux qui au nom de la justice pendaient et torturaient les petits voleurs.

essentiellement sur la même base que les assemblées dont on a parlé plus haut. Chaque député ne venait pas en défenseur de l'ensemble de la nation (ou même d'une classe, à l'intérieur de la nation), mais en représentant des intérêts particuliers d'une corporation nettement délimitée, et d'un territoire particulier, qu'il représentait en partie parce qu'il avait été élu (comme délégué d'une ville ou d'une corporation religieuse), en partie du fait même de sa position sociale acquise ou héréditaire (comme seigneur ecclésiastique ou laïque). Les obligations de chacune de ces corporations ou de chaque territoire vis-à-vis de l'Etat étaient solidement établies par des conventions particulières, et de nouvelles charges ne pouvaient être imposées à l'association ou au pays sans leur assentiment ou celui du seigneur qui avait mission de les défendre. Une « majorisation de la minorité » n'était pas possible dans les Etats, au premier stade de leur développement ; mais assurément, une minorité récalcitrante pouvait s'attendre à se voir convaincre par la force des armes, qu'elle devait unir ses voix à celle de la majorité.

Si le député ne tenait pas son mandat de son rang social, mais du choix d'un territoire ou d'une corporation, parfois son vote, pour être valable, devait encore être soumis à l'agrément ultérieur de ceux qui l'avaient élu. Les prélats devaient demander l'assentiment de leurs couvents ou chapitres, les délégués des villes devaient consulter le Conseil municipal ou la commune assemblée (1).

Pour que le Parlement moderne pût sortir de ces Etats, — et d'une assemblée fédérative ainsi constituée, une assemblée nationale, — il fallait avant tout que l'Etat se fût unifié, qu'il cessât d'être un agrégat de villes et d'associations comme au moyen âge, et que le particularisme étroit de ces petites communautés s'absorbât dans la nation.

Ce fut là l'œuvre de la production capitaliste.

(1) Voir là-dessus, pour l'Allemagne, Fr. W. Unger, *Histoire des Etats allemands*, II, 390 et suiv., 414 et suiv. Lothar Bucher dit de l'Angleterre : « Les anciens Parlements prenaient leurs décisions à *l'unanimité*, et quand il s'agissait du vote des impôts, les districts n'étaient pas obligés à les payer si leurs représentants ne les avaient point votés. » (*Le Parlementarisme, ce qu'il est*, 2e éd., p. 117.) Bucher déplore à plusieurs reprises très vivement que cet usage se soit perdu. (Ainsi, p. 92 et 160.) Son livre est très pénétrant et suggestif, mais on peut dire de lui ce qu'un jour Marx disait d'un écrit de David Urquhart : « il montre en même temps la force et la faiblesse d'un critique qui sait juger et condamner le présent, mais non le comprendre ». (*Capital*, I, 2e éd. Allem. 528.)

VI

ABSOLUTISME MONARCHIQUE ET ABSOLUTISME PARLEMENTAIRE.

Sous le régime de la production capitaliste, qui commence au XVIe siècle, la production marchande, la production pour la vente, devient la forme générale de la production. A partir de cette époque, la production des travailleurs pour leur consommation personnelle passe de plus en plus à l'arrière-plan. Avec elle, disparaît aussi l'état d'indépendance et d'isolement des communes rurales et urbaines, qui caractérise le moyen âge. Les entreprises privées dépendent désormais du marché intérieur, souvent aussi, — directement ou par l'intermédiaire du marché intérieur, — du marché mondial.

Le marché intérieur, ce n'est rien d'autre que le domaine embrassé par le même État. L'État protège à l'intérieur de son territoire, autant qu'il le peut, les fabricants et les commerçants qui sont ses sujets, contre la concurrence des producteurs et des commerçants étrangers; mais il a soin aussi de favoriser autant que possible la vente nationale sur les marchés étrangers. Plus grand est l'État, plus forte est sa puissance, et meilleures sont les garanties qui défendent les intérêts industriels et commerciaux.

Désormais, les États acquièrent une base économique solide. Au moyen âge nous trouvons un perpétuel changement dans l'étendue des domaines des familles régnantes, par suite de conquêtes, d'héritages, de mariages, de ventes, d'échanges, de remises mêmes de nantissement. Lorsque chaque commune, ou tout au moins chaque district forme un tout « en soi », il n'est nullement nécessaire que le domaine royal soit un tout compact. Les Habsbourg, par exemple, avaient, au XIVe siècle, des possessions, non seulement dans les régions austro-allemandes actuelles, mais encore en Suisse, en Souabe et en Alsace.

Les États modernes, au contraire, comprennent, au point de vue économique, des territoires solidement unis entre eux, des territoires dont la cohésion devient chaque jour plus étroite, à mesure que la vie économique se développe à l'intérieur de l'Etat sous la forme capitaliste, et que la production s'adapte aux conditions particulières et aux besoins du marché intérieur qui lui est offert.

L'extension et la formation du domaine de l'Etat cessent en même temps d'être uniquement l'affaire des familles régnantes de la caste militaire. Les classes productrices ont aussi désormais leur intérêt; de dynastique, l'Etat devient national.

En plein moyen âge, il pouvait être aussi indifférent aux habitants d'une commune rurale ou urbaine, que leur seigneur dominât encore d'autres communes nombreuses ou non, qu'il peut l'être aujourd'hui aux travailleurs d'un établissement, que son possesseur possède encore d'autres établissements. Pour les habitants d'un Etat moderne, au contraire, toute diminution du territoire national signifie perturbation et dommage, dans la vie économique, tandis qu'une extension signifie agrandissement du marché intérieur, et amélioration de la position commerciale sur le marché du monde.

Plus dense et plus puissant devient l'Etat moderne, plus vides et insignifiantes se font les organisations politiques et sociales traditionnelles qui subsistent à l'intérieur de l'Etat. Celui-ci leur prend une à une toutes leurs fonctions; finalement elles ne forment plus au milieu du chemin que des ruines qui doivent être écartées. La société devient « atomistique »; les rapports des hommes entre eux cessent d'avoir comme intermédiaires les rapports des différentes corporations.

Du même pas que l'atomisation de la société, je veux dire la dissolution des organisations subsistant à l'intérieur de l'Etat, marche la centralisation politique et sociale.

Le commerce a toujours tendu à la centralisation. Il produit la concentration des marchandises, des acheteurs et des vendeurs dans des endroits particulièrement favorisés par leur situation géographique ou les rapports politiques. Sous le régime de la production capitaliste, qui transforme toute la production en production marchande, la centralisation du commerce conduit à la centralisation de toute la vie sociale. Le pays tout entier devient directement ou indirectement, plus ou moins, une dépendance économique de la capitale comme de la classe capitaliste. La capitale, centre du commerce, devient le point de rassemblement de la « plus-value » ; les arts et les sciences suivent le luxe.

A la centralisation économique correspond la centralisation politique ; et le centre du commerce devient aussi le centre du gouvernement.

Nous avons déjà montré que les classes nouvelles qui montent et qui vivent de l'industrie et du commerce, ont besoin d'un Etat fort qui défende leurs intérêts aussi bien à l'intérieur qu'au dehors.

Le roi, successeur des anciens chefs de tribus, était resté au moyen âge un simple chef : généralissime, il présidait à la caste militaire ; juge suprême, au clergé. Même si sa fonction était héréditaire, ce qui n'était pas partout le cas, il restait dépendant de la bonne volonté de vassaux libres et arrogants, et du clergé non moins libre et non moins arrogant. L'essor des villes n'améliora pas sa situation, comme nous l'avons vu : il dépendit de trois ordres au lieu de deux.

Le développement du commerce mondial et de la production capitaliste changea la situation en faveur des rois. Il créa une foule de dépossédés dont une partie seulement, tant que l'industrie ne fut pas assez développée, pouvait devenir des travailleurs salariés. Le reste forma un prolétariat de gueux, soutien du despotisme, comme l'avait été le prolétariat de gueux de Rome. Seulement, ce n'était plus des suffrages, mais des « poings », que ce prolétariat vendait aux despotes. Les armées de mercenaires au service des rois s'accrurent (1).

(1) Les armées de mercenaires au XIVe siècle étaient de tout autre sorte qu'au XVIIe. Les premières se composaient de paysans propriétaires, qui exploitaient le service militaire comme un moyen accessoire et occasionnel de profits, quand l'amélioration de la culture et l'accroissement de la population produisaient, déjà alors, un excédent de forces de travail. Bien des fils de paysans étaient par là de temps en temps rendus inutiles et s'engagaient à l'étranger, mais avec l'intention de revenir au pays et de reprenpre service dans la famille. L'aptitude à la guerre, que les troupes de ces paysans acquéraient au service de l'étranger, leur servait à secouer le joug de leurs propres seigneurs. C'est ainsi que les Suisses et les Hussites de Bohême purent conquérir leur liberté. Les mercenaires du XVIIe siècle étaient des sans-propriété, la guerre était leur unique moyen d'existence. Ils n'avaient aucune liberté à défendre, sinon celle du pillage. Leur existence dépendait de leur solde. Ils étaient les serviteurs des rois et l'appui du despotisme, même dans leur patrie.

En même temps, disparaissaient les armées de chevaliers qui avaient été, ou peu s'en faut, indépendantes des princes. Les sources féodales de la richesse étaient taries, ou plutôt, elles avaient perdu leur signification. Ce n'était plus sur les corvées des paysans ni sur les dons des producteurs agricoles, que reposait la puissance dans la société, mais *sur l'argent*. Si l'on pouvait encore écorcher les paysans, on ne pouvait pas leur soutirer d'argent. Les grands seigneurs : noblesse et clergé, devaient donc, s'ils voulaient avoir de l'argent, faire « marchandes » les fonctions dans lesquelles ils s'étaient spécialisés : le clergé vendait ses consolations, ses objets sacrés, ses indulgences et ses reliques; les nobles vendaient leur épée à celui qui en offrait un prix convenable. De vassaux indépendants au point de vue économique, ils devinrent des gens à la solde des officiers royaux, c'est-à-dire conducteurs de la « racaille » qui se rassemblait autour des étendards royaux.

Mais la simonie du clergé devint à la fin si grande, que le peuple de tous côtés se souleva contre lui. Pas plus que la noblesse, il ne put conserver son indépendance ; ce qu'il garda ou obtint encore de revenus, c'est à la faveur des princes qu'il le dut, aussi bien en pays catholique qu'en pays protestant ; cette faveur s'achetait naturellement par des services.

Mais la noblesse et le clergé ne perdirent pas

seulement leur indépendance et en partie leurs richesses ; leur existence devint chaque jour plus parasite. Le nouveau mode de production, l'Etat moderne, créaient pour la justice et l'administration publique des nécessités auxquelles les vieilles organisations féodales où la noblesse et le clergé avaient joué des rôles si importants ne pouvaient plus répondre que de fort loin. Dans la justice, dominaient les juristes formés partout, excepté en Angleterre, à l'école du droit romain, et ces juristes, nommés et payés par le roi, étaient par conséquent absolument dans sa main. De son côté, la Finance tomba sous la dépendance de la bureaucratie royale ou concédée par les rois. Au moyen âge, les grands seigneurs de la terre et les villes libres levaient eux-mêmes pour le roi les impositions auxquelles ils s'étaient engagés, mais désormais la levée des impôts leur est retirée : c'est la charge des fermiers généraux ou autres fonctionnaires.

Noblesse et clergé cessent, en tant que tels, d'avoir aucune espèce de signification pour tout ce qui touche l'administration, la justice, la guerre. Ces ordres se composent de plus en plus de parasites fainéants et corrompus, qui ne doivent plus leurs privilèges et leurs richesses à leurs fonctions sociales, mais à la faveur de la cour. Leur seul rôle désormais est d'orner la royauté.

Avec l'indépendance de la noblesse et du clergé,

disparaissaient deux importants soutiens des Etats généraux.

Mais, le troisième état, les villes, tomba aussi de plus en plus dans le courant des XVIIe et XVIIIe siècles. La production capitaliste produisit bien un puissant accroissement de la population urbaine, — bourgeois et prolétaires ; mais celle-ci se rassemblait dans quelques grandes villes, qui toutes, à leur tour, étaient dépassées en puissance, en extension et en richesses par la capitale. La plus grande partie des villes s'arrêtèrent dans leur développement, ou tombèrent en décadence, devinrent des « bourgs pourris », comme on les appelait en Angleterre.

Ces villes ne pouvaient pas s'opposer à la puissance grandissante de l'absolutisme. La capitale fut bien, à partir du XVIe siècle, un facteur politique de plus en plus important dans les Etats modernes ; Henri IV savait déjà que Paris valait bien une messe, c'est-à-dire l'assujettissement du roi à la volonté de la capitale, et Charles Ier connut bien l'importance de Londres à son corps défendant (1). Mais la majorité des habitants de la capitale n'avait aucun intérêt à conserver la puissance des Etats généraux, car ceux-ci ne signifiaient rien d'autre que la domi-

(1) On peut dire sans exagération que, sans l'attitude hostile de la cité, Charles Ier n'aurait jamais été vaincu, ni Charles II rétabli sur le trône sans l'aide de la cité. (Macaulay, *Histoire de l'Angleterre.*)

nation des hobereaux et des petits bourgeois. Qu'avait à attendre de ces Etats la capitale ? Avant tout des refus d'impôts, des demandes d'économie : choses qui ne faisaient point l'affaire en général de la population des capitales. Une bonne partie d'entre leurs habitants vivaient des besoins de la cour. Plus la cour dépensait d'argent, plus la capitale prospérait. Les courtisans n'avaient point créé ces richesses qu'ils dépensaient toutes dans la capitale et qu'ils avaient soutirées à la masse des paysans, directement ou par l'intermédiaire de l'Etat : voilà ce dont se souciaient peu les fabricants d'objets de luxe, les commerçants, les usuriers, les entremetteurs, les poètes de cour, et les philosophes.

N'y a-t-il pas encore aujourd'hui assez de littérateurs qui prêchent cette « vérité servile », que la prodigalité est un devoir social des monarques et de leurs courtisans, — afin que « l'argent circule » ?

Les éléments qui désormais ont acquis de l'influence sur la royauté, et par elle sur l'Etat, n'étaient plus ceux qui, dans les Etats généraux, avaient trouvé leur représentation. C'était des éléments nouveaux, qui avaient sur le roi une influence personnelle : avant tout la noblesse de cour et le clergé de cour, avec une suite de fonctionnaires et de maîtresses, qui agissaient par leurs intrigues ; ensuite la population de la ville-résidence, qui souvent par des démonstrations, quelquefois aussi par des émeutes, savait se conquérir de l'importance ; enfin les marchands, les capitalistes, dont le crédit est le fondement principal de l'Etat moderne.

En fait, la royauté n'aurait jamais pu devenir absolue sans le secours des capitalistes. Pour soutenir toutes ses luttes, abattre ses adversaires ou les acheter, payer ses défenseurs et ses créatures, subvenir à toutes les charges qui incombaient à l'Etat, charges dont auparavant les communes, les associations particulières ou les seigneurs s'étaient acquittés, ou celles toutes nouvelles de la police, des moyens de communication, routes et canaux, forteresses et matériel de guerre — pour pouvoir faire face à tout cela, les rois avaient besoin d'argent, de plus d'argent qu'ils ne pouvaient en tirer de leurs sujets, sous la forme d'impôts ou de douanes. Ils devaient donc de plus en plus emprunter aux riches marchands, naturellement avec compensations à l'avenant. A partir de ce moment jusqu'à nos jours, le crédit est resté le soutien principal de l'Etat. La hausse et la baisse du cours de la Bourse ont, dans les deux derniers siècles, décidé du sort de maints gouvernements.

Tels sont les facteurs les plus importants qui aient déterminé la politique des monarchies européennes jusqu'à la Révolution française, et parfois même jusqu'à nos jours. La puissance des rois était très grande, mais déréglée et indéfinie. En fait le roi ne régnait pas, ceux qui régnaient, c'étaient des personnes, des coteries et des intérêts de groupes, mais on pouvait seulement agir sur le gouvernement par le roi. La puissance des monarques était absolue : il était possible à maintes personnes favorisées et à des « cliques » de la diriger, mais il n'était permis à personne de lui résister.

Les Etats généraux furent, au contraire, de moins en moins importants. Dans quelques pays, ils s'endormirent tout à fait ; dans d'autres, ils furent des machines à dire oui, qui avaient la permission, dans quelques petites affaires, de venir en aide à la toute-puissante police de l'Etat.

Ce sont là les traits généraux du développement de l'Europe aux XVIIe et XVIIIe siècles.

Mais il y eut des exceptions. Il y eut des pays dans lesquels la royauté ne réussit pas à mettre de côté les Etats généraux, dans lesquels au contraire ces derniers devinrent maîtres de l'Etat. Le plus éclatant exemple de cette déviation à la tendance générale vers l'absolutisme royal, est offert par l'*Angleterre*.

Les raisons qui rendirent l'Angleterre exceptionnelle à cet égard sont nombreuses. Les plus importantes nous paraissent les suivantes. Au début du XVIIe siècle, précisément à l'heure où l'absolutisme devait livrer en Angleterre les dernières batailles décisives, la royauté anglaise passa aux mains de l'Ecosse, pays en retard au point de vue économique, où la féodalité s'était maintenue, et où les rois étaient encore entièrement dans la main des Etats. Pendant tout le xviie siècle, l'Ecosse fut une cause de faiblesse pour les rois de la maison Stuart qui tendirent à l'absolutisme en Angleterre, comme la Hongrie, jusque dans les temps les plus modernes, fut un obstacle aux tendances absolutistes des Habsbourg.

Plus importante encore fut l'action de la situation insulaire de l'Angleterre. Sa puissance, sa sécurité, ne reposaient pas sur une armée de terre, mais sur la flotte. La bourgeoisie industrielle et commerciale n'avait ainsi aucune raison pour appuyer les efforts de la royauté vers la création de fortes armées permanentes. Cet instrument si sûr du despotisme manqua en Angleterre précisément à l'heure des luttes décisives de l'absolutisme.

Enfin la situation insulaire de l'Angleterre eut une influence plus importante encore en favorisant, à partir du xvie siècle, quand la découverte de la route maritime vers l'Inde orientale et la découverte de l'Amérique eurent déplacé le centre de gravité du commerce européen de la Méditerranée aux rives de l'Atlantique, — le développement d'une bourgeoisie moderne et capitaliste. L'Angleterre commença par prendre part aux brillants trafics du Portugal, de l'Espagne et des Pays-Bas, par des pirateries qui s'exerçaient surtout en grand sur les flottes espagnoles.

Bientôt elle fut assez forte pour donner à ces pillages un caractère plus légal ; elle conquit elle-même des colonies et développa un commerce qui s'étendit jusqu'au delà des mers, commerce qui n'était pas seulement ce qu'on nommerait aujourd'hui un commerce légitime, mais qui comprenait aussi et de préférence la contrebande et la vente des esclaves. Londres devint rapidement un centre de commerce mondial, dépassa Lisbonne et Anvers, et n'eut plus à la fin du XVII° siècle, sous le rapport de l'importance commerciale, qu'une rivale : Amsterdam. Comme population, elle se tenait déjà à la tête des capitales européennes, comptait un demi-million d'habitants, et pouvait mettre sur pied une forte milice. Avec cela, il y avait moins de luxe qu'à Paris ; sa prospérité dépendait moins des prodigalités de la cour et des courtisans, plus du succès commercial ; la bourgeoisie réclamait un gouvernement qui fût puissant au dehors, non au dedans. Mais les Stuarts gaspillèrent toute leur force dans des essais d'absolutisme, négligèrent de développer une politique extérieure puissante et de protéger l'essor du commerce anglais.

En Angleterre, surtout à Londres, la bourgeoisie était si puissante, si hardie et si fière, que vers le milieu du XVII° siècle déjà, poussée par les circonstances, elle osa, de concert avec une partie de la noblesse, avec la petite bourgeoisie et ce qui restait de la classe paysanne, déclarer la guerre à la royauté qui s'appuyait sur l'autre partie de la noblesse et sur le clergé de cour. La bourgeoisie fut victorieuse dans ce combat, mais ce ne fut que pour retomber sous la dictature d'une armée de paysans et de petits bourgeois. Alors arriva ce qui s'est reproduit plus tard de semblable façon pendant la Grande Révolution française et en 1848 sur le continent : effrayée et opprimée par cette dictature, la bourgeoisie se jeta de nouveau dans les bras de la royauté et de la classe qui lui est liée : la noblesse. Elle conclut avec l'aristocratie foncière une alliance qui dura jusqu'à la Révolution française, et s'est maintenue sans interruption jusque dans les premières dizaines d'années de ce siècle.

Si la grande bourgeoisie et l'aristocratie foncière ont pu si longtemps marcher la main dans la main, la raison en est dans le caractère particulier que l'aristocratie foncière a revêtu en Angleterre. La guerre des Deux-Roses, qui dura trente ans, avait détruit la haute noblesse presque tout entière. Une nouvelle aristocratie de gros propriétaires fonciers s'était élevée sur les ruines de l'autre ; elle fut créée par Henri VII qui mit fin à la guerre civile, accrue et enrichie par Henri VIII et son fils Edouard VI, aux frais de l'Eglise, des communautés et des hospices dont les biens furent confisqués.

Un deuxième rajeunissement de la grande propriété fut le résultat de la guerre civile entre

Charles Ier et le Parlement. De nombreux nobles perdirent alors leurs biens, en partie par suite de confiscation, en partie à la suite d'une ruine financière. Leurs biens échurent à des bourgeois devenus riches. La restauration des Stuarts ne restitua en aucune façon dans ses biens toute cette vieille noblesse ruinée par la guerre civile.

Rien d'étonnant, si l'aristocratie foncière anglaise eut un tout autre caractère que celle du continent, par exemple que l'aristocratie française. Celle-ci conserva les traditions du temps féodal par le mépris qu'elle continua de montrer pour les classes industrielles et commerciales. Gagner de l'argent lui paraissait une déchéance. Les revenus qu'elle tirait de ses biens devenaient de jour en jour plus rares ; le sentiment raffiné qu'elle avait de son honneur l'empêchait de se livrer à leur exploitation rationnelle, mais ne l'empêchait pas de combler le déficit en s'endettant (auprès des capitalistes), en mendiant (auprès du roi) et en volant (dans les caisses de l'Etat). La noblesse française, dans le courant du XVIIIe siècle, fit banqueroute.

La plupart des grands propriétaires fonciers anglais, au contraire, étaient des hommes nouveaux, que l'esprit du capitalisme avait déjà pénétrés. Ils s'occupaient d'exploiter leurs biens à la manière capitaliste par l'intermédiaire de fermiers capitalistes ; ils n'estimaient pas qu'il fût au-dessous de leur dignité de participer à des affaires commerciales, et ils savaient dûment estimer le bourgeois quand il était riche. Ils s'enrichissaient, particulièrement en s'immisçant à la politique coloniale, et faisaient servir leurs richesses à l'accroissement et à l'amélioration de leurs biens. Dans le même siècle où la noblesse française était en pleine décadence financière, la noblesse anglaise atteignait l'apogée de sa fortune. Comme l'entreprenante et énergique bourgeoisie de leur temps, les nobles d'Angleterre prirent la part la plus active, non seulement à leurs affaires privées, mais encore aux affaires publiques. Autant que possible, l'aristocratie maintenait ses fonctions dans l'administration de l'Etat, si bien que la bureaucratie étatiste s'est moins développée en Angleterre que dans aucune autre des monarchies modernes de l'Europe, et elle savait dans cette administration tenir compte des intérêts de la grande bourgeoisie dont elle était si proche.

Grâce au rajeunissement de ses cadres aux XVIe et XVIIe siècles, l'aristocratie foncière anglaise s'est maintenue plus longtemps dans la vigueur de la jeunesse que partout ailleurs en Europe; en même temps la bourgeoisie capitaliste anglaise se développait particulièrement vite.

En ces circonstances si heureuses qu'offrit seule l'histoire de l'Angleterre, ces deux classes, par leur alliance, devinrent invincibles ; la royauté dut capituler devant elles et le Parlement qui les représentait.

C'est un développement toutcontraire que l'on trouve à l'Est de l'Europe, en *Pologne*. Là aussi, l'aristocratie avait vaincu la royauté, là aussi la royauté n'avait pu se rendre maîtresse des Etats généraux. Mais les fondements sociaux du Parlement polonais étaient autres que ceux du Parlement anglais. En Pologne, c'est en se mettant en travers du développement social que l'aristocratie foncière parvint à l'hégémonie. Le changement de la route commerciale, à la suite de l'invasion des Turcs et de la découverte de la route maritime vers l'Inde orientale, causa encore plus de dommage à la Pologne qu'à l'Allemagne. La bourgeoisie polonaise tomba en pleine décadence et ne fut pas en état de résister à la toute-puissance de l'aristocratie ; tout obstacle à l'anarchie féodale disparut ; le roi fut rendu impuissant devant le Parlement, et celui-ci restait sans forces devant le *veto* d'un seul noble qui pouvait ainsi se prendre pour un souverain indépendant. Le caractère qu'avaient les Etats d'être une assemblée votant à l'unanimité et non à la majorité, n'apparut nulle part plus nettement que dans les Etats polonais, où le *veto* d'un seul membre suffisait à frapper une décision de nullité.

Tout autrement se forma le Parlement en Angleterre, oùl'aristocratie ne parvint à l'hégémonie que grâce à l'adaptation de la grande propriété foncière, aux exigences du mode de production capitaliste et à son union avec la bourgeoisie. Les tendances vers une société atomistique et centralisée furent en Angleterre aussi fortes que dans le reste des Etats monarchiques de l'Europe ; elles conduisirent en Angleterre, comme en France, à la domination absolue d'une puissance centrale ne supportant aucune critique et ne souffrant aucune résistance. La différence entre l'Angleterre et la France, c'est qu'ici cette puissance centrale fut la royauté, et là, le Parlement (1).

A mesure que les luttes entre la royauté et le Parlement affermissaient et accroissaient la puissance de ce dernier, et à mesure que les comtés et les villes se concentraient dans l'unité de la nation, le caractère du Parlement changeait aussi. Le simple député cessait de se sentir le représentant d'un territoire ou d'une corporation et de faire dériver sa puissance et son importance de la puissance et de l'importance de cette corporation, ou de ce territoire. Le Parlement cessait d'être une assemblée de petits souverains (ou représentants d'organisations souveraines) ; il devenait un tout organique, il était dans son ensemble le souverain, source de toute-puissance dans le royaume. Mais la domination du Parlement ne signifie pas autre chose que la domination de la majorité dans le Parlement. Avec l'indépendance économique et politique des associations privées et des

(1) La toute-puissance du Parlement est bien marquée par ce mot anglais : « Le Parlement peut tout faire, excepté changer un homme en femme. »

territoires particuliers vis-à-vis de l'Etat, cesse aussi l'indépendance des délégués particuliers dans le Parlement. La minorité parlementaire doit se soumettre à la majorité d'une manière aussi absolue que le pays doit se soumettre au Parlement. La volonté de la majorité parlementaire devient la loi suprême ; comme Louis XIV, elle peut dire : « L'Etat, c'est moi ». Les rois et les ministres sont ses esclaves. Comme les autres esclaves, ils savent quelquefois agir sur leurs maîtres par des moyens le plus souvent d'une haute immoralité, et provoquer des affaires où ils trouvent leur avantage. Mais la corruption des maîtres par leurs esclaves ne supprime en aucune manière le rapport de domination.

Majorité et minorité dans le Parlement deviennent, à partir du XVIIe siècle, des partis nettement constitués, les Whigs et les Tories.

De solides partis politiques n'avaient pas été possibles dans les anciennes assemblées avec la prépondérance des intérêts particuliers, locaux et corporatifs ; non seulement la structure de l'Etat, mais encore celle des partis dut être très incohérente : ceux-ci même changeaient perpétuellement. Le mode moderne de production et l'Etat moderne durent d'abord faire disparaître le particularisme des territoires, corporations, communes, etc., avant que les membres d'une classe parvinssent, dans tout le pays, à la conscience de leurs intérêts communs, avant qu'ils pussent former une classe nationale, embrassant toute la classe dans la nation, et que sur la base de ces classes nationales et de ces intérêts de classe, il pût naître des partis unis et permanents.

Mais plus l'autorité et la puissance du Parlement s'accroissent, plus le pouvoir de l'Etat lui est soumis, et plus important devient le prix du combat pour le parti parlementaire qui obtient la majorité. De là l'effort des politiciens pour réunir en un parti unique tous ceux qui s'accordent sur des questions principales, quand même, sur des questions accessoires, ils s'écarteraient notablement les uns des autres. De là l'effort pour faire pression sur toutes les divergences de conception dans les questions particulières. La discipline de partis, la « tyrannie de parti », prennent naissance ; à côté de l'absolutisme de la majorité du Parlement, commence à régner l'absolutisme de la majorité du parti.

Ce « despotisme » et ce « terrorisme » ne sont pourtant pas particuliers au régime parlementaire.

On les trouve partout où de grandes masses d'hommes luttent pour un but important, où la victoire ne peut être obtenue que par le concert le plus rigoureux et l'action commune la plus décidée de tous dans le même sens. Il n'y a rien de plus comique que ces libéraux qui soupirent sous la contrainte des factions et des partis et ne cessent de tonner contre le terrorisme des corporations. Rien de plus comique non plus que les anarchistes, qui, en face du « despotisme » du régime parlementaire, exaltent les corporations, comme le refuge de la « Liberté », je veux dire de la confusion anarchiste.

La liberté dans le sens des anarchistes et des libéraux n'habite ni dans les corporations ni dans les partis parlementaires.

VII

LA DÉMOCRATIE MODERNE.

L'absolutisme atteignit son apogée au XVIIIe siècle. Dans le même siècle, naquirent aussi les forces par lesquelles il devait périr.

L'Etat au XVIIIe siècle était, en Angleterre comme dans le reste de l'Europe, d'une part une institution pour le développement en serre chaude du capitalisme commercial et industriel, en même temps que du prolétariat ; d'autre part, une gigantesque machine pour l'exploitation du peuple au bénéfice d'une partie de la noblesse, — en Angleterre, noblesse qui participait aux affaires publiques ; dans le reste de l'Europe, noblesse de cour, — et de la haute finance.

L'Etat, sous ces deux aspects, soulève contre lui, dans le courant du XVIIIe siècle, une opposition chaque jour plus puissante de la masse du peuple. Le commerce et l'industrie se développèrent dans de telles proportions et prirent un tel caractère, que la protection tutélaire de la lourde bureaucratie *étatiste* devenait un obstacle à tout essor plus grand de la production : on commençait, en effet, dans la vie économique, à être impatient de toute réglementation et de toute tradition, et la concurrence favorisait l'industriel qui savait le mieux exploiter toutes les conjonctures du marché, utiliser au plus vite toutes les inventions nouvelles, et s'adapter le plus promptement à toutes les humeurs et à tous les changements des affaires.

On n'avait plus besoin de la protection de l'Etat, mais la « Liberté » était devenue le mot de délivrance pour les capitalistes.

Et ce n'était pas seulement la liberté économique, mais encore la liberté politique que réclamait la bourgeoisie.

Elle se sentait désormais assez accrue en nombre, plus encore en intelligence et en importance économique, pour se croire de taille, particulièrement en France et en Angleterre, à accomplir ce qu'elle avait déjà essayé de faire dans ce dernier pays au milieu du XVIIe siècle : secouer le joug de l'aristocratie et celui de la royauté.

Elle avait d'autant plus de raisons à cela, que ces puissances exploitaient plus odieusement la masse de la population. Aux XVIe, XVIIe et aussi dans la première moitié du XVIIIe siècle, le gros commerce et les industries capitalistes avaient surtout servi *au luxe*. Etant donné l'insuffisance des moyens de communication, le transport d'une marchandise sur un vaste rayon ne rapportait que si sa valeur était à l'avenant très haute. Le commerce transmaritime apportait en Europe, avec de l'or et de l'argent, des bijoux, des épices rares, de splendides étoffes et autres choses semblables. Les industries capitalistes, c'est-à-dire travaillant pour le marché mondial, produisaient des étoffes de soie, des Gobelins, des porcelaines, etc. Le capitalisme profitait alors de l'exploitation et de la prodigalité aristocratiques.

Mais peu à peu, à la suite du perfectionnement des moyens de communication et des modes de production, les industries « démocratiques » produisant par grandes masses commencèrent à se développer à côté des industries aristocratiques de luxe. Si ces dernières avaient besoin pour réussir d'une classe riche et dépensière, et réussissaient d'autant mieux que la cour et l'aristocratie exploitaient davantage le peuple, le succès des premières, au contraire, exigeait une extension de la consommation parmi le peuple, et par conséquent la diminution de son exploitation par les classes parasites. Plus l'industrie devenait « démocratique », plus le système d'exploitation aristocratique devenait insupportable pour la bourgeoisie.

A mesure que l'industrie se transforme en industrie « démocratique », croît aussi la demande en moyens de vivres (pour les salariés de l'industrie) et en matières premières. La production du pays se montre de moins en moins en état de satisfaire la demande croissante. L'introduction de vivres et de matières premières à bon marché devient chaque jour davantage une question importante pour les classes industrielles. Les intérêts de la grande propriété foncière y sont directement opposés.

Ces circonstances se trouvèrent toutes réunies en maints pays ; en d'autres, quelques-unes seulement se produisirent : leur résultat fut de créer, — d'abord en Angleterre, puis en France, plus tard enfin dans toute l'Europe — une opposition chaque jour croissante de la bourgeoisie contre le régime aristocratique, sous quelque forme que ce regime se traduisît, état parlementaire, ou monarchie absolue.

Mais à côté de la bourgeoisie, commencent aussi à se remuer les classes inférieures, paysans et petits bourgeois, auxquelles s'associe déjà un prolétariat industriel, qui, ne manifestant pas encore une vie originale, marche la main dans la main avec les groupes révolutionnaires de la petite bourgeoisie. C'est sur ces classes que de tout son poids pesait l'Etat ; c'est d'elles qu'il tirait principalement les moyens de parer aux dépenses qu'entraînaient la bureaucratie, le militarisme, la dette publique et l'entretien de la cour avec ses innombrables parasites.

Paysans et petits bourgeois, — et prolétaires, autant qu'on en peut parler alors, — s'étaient déjà opposés naguère à la formation de la puissance absolutiste de l'Etat, et à l'exploitation de l'Etat par l'aristocratie. Mais là où ils avaient fait résistance, ils avaient été généralement écrasés à cause de leur particularisme, du manque de cohésion entre les communes et les cantons, et les abattre n'avait été qu'un jeu pour la puissance centralisée de l'Etat.

Mais avec le temps, l'unité de l'Etat et le capitalisme, — commerce, impôts publics, service militaire, etc. — exercèrent leur action sur les classes inférieures.

L'isolement local, la politique de clocher disparurent peu à peu, ici plus tôt, là plus tard, et cela, parmi les petits bourgeois surtout, et les prolétaires, qui, même dans les petites villes, parvinrent à une union chaque jour plus étroite avec leurs compagnons des grandes villes. Et l'exemple de ceux-ci donna pour ainsi dire le ton aux classes laborieuses de tout le pays. L'industrie capitaliste concentrait déjà dans les grandes villes des masses de travailleurs, autour desquels vivaient des petits commerçants et des artisans qui ne dépendaient plus du luxe de la cour. Ce luxe leur faisait seulement sentir leur misère d'une façon plus aiguë, et toute la haine, toute l'amertume de la foule misérable se concentraient contre la cour et ses créatures.

Sous la direction des classes travailleuses des grandes villes, les petits bourgeois et les prolétaires, — et par endroits aussi, les paysans, — commençaient par tout le pays à reconnaître qu'à côté de leurs intérêts locaux, ils avaient aussi des intérêts publics communs. Leur puissance et leurs aspirations grandissaient, à mesure que s'effaçait le particularisme local, et un mouvement national, embrassant la nation tout entière, s'ébauchait parmi eux.

Mais à côté des capitalistes et des classes travailleuses, un troisième adversaire du régime aristocratique grandissait encore : « l'Intelligence » bourgeoise, avocats, professeurs, médecins, écrivains, artistes, etc.

Aux XVIe et XVIIe siècles, cette classe avait encore été directement ou indirectement dépendante de l'aristocratie de cour. Au moyen âge, l'Eglise avait offert un refuge aux sciences et aux arts. Depuis qu'elle avait cessé d'être cet asile, depuis la Réforme, tous les penseurs, tous les poètes, tous les artistes, qui, économiquement, n'étaient pas indépendants, n'avaient pu se livrer à leur science ou à leur art que grâce à la protection des grands seigneurs, qui voulaient bien les admettre parmi leurs laquais. Mais à mesure que la bourgeoisie grandit, que la richesse et, pour une partie au moins de ses membres, le loisir lui viennent, à mesure que le développement de la vie économique rend nécessaire une classe particulière de gens instruits, et crée un marché pour eux, — avocats, médecins, ingénieurs, professeurs, etc., — à mesure enfin que les classes inférieures elles-mêmes, particulièrement dans les grandes villes, commencent à prendre part à la vie politique et intellectuelle de la nation, à lire des livres et des journaux, dans la même mesure l'intelligence s'affranchit de la cour et de l'aristocratie ; désormais, dans la science et dans l'art, des tendances se manifestent, qui sont dirigées contre ces puissances, et bientôt, ces tendances dominent, parce que la logique des faits parle contre le régime aristocratique, et parce que les Intellectuels se recrutent le plus souvent dans la bourgeoisie, et lui sont proches par leur situation sociale et leurs intérêts.

Mais pour l'étendue du regard, les intellectuels se tenaient au-dessus des autres groupes de la bourgeoisie, dont les intérêts éphémères ne la touchaient en général que médiocrement. La bourgeoise intellectuelle était ainsi en état de devenir la protagoniste de la bourgeoisie, recherchant et défendant les intérêts permanents de classe. Mais, ce qu'elle réclamait était alors en harmonie avec l'intérêt social général, avec l'intérêt des classes inférieures, qui, unies avec la bourgeoisie, avaient un ennemi commun à combattre : le régime aristocratique, l'exploitation du peuple par l Etat au bénéfice de l'aristocratie.

Si grande était l'oppression de ce régime, si démesurée cette exploitation, que vis-à-vis d'elle, s'effaçaient les antagonismes intérieurs à cette masse opposante si hétérogène : antagonisme de la ville et de la campagne, du travail et du capital, de la petite et de la grande industrie, du commerce et de l'industrie, etc., etc.

Les différents groupes des classes bourgeoises, petite bourgeoise et paysanne, se réunirent au prolétariat pour renverser l'absolutisme et détruire la noblesse. La classe qui travailla le plus à la formation de cette alliance, et qui s'en montra le plus solide lien, ce fut la bourgeoise intellectuelle. Elle laissait de côté le plus possible tout ce qui pouvait diviser, elle sentait et proclamait ce qui pouvait unir. Le mouvement démocratique — fruit de cette alliance — qui s'est formé dans les dix dernières années du XVIIIe siècle, reçut des Intellectuels de la bourgeoisie, son caractère, ses chefs et ses protagonistes.

La mission de la démocratie consistait à résoudre deux problèmes. Elle devait autant que possible affaiblir la toute-puissance que l'Etat, Parlement ou monarchie, possédait vis-à-vis du peuple. Mais ce n'était possible que jusqu'à un certain point, car le capitalisme avait besoin pour prospérer d'une forte puissance centrale. Outre le premier problème, la démocratie devait donc en résoudre un second : faire de l'Etat, de serviteur de l'aristocratie qu'il était, le serviteur du peuple.

La solution du premier problème exigeait qu'on laissât à la critique pleine licence de s'exercer sur l'Etat et ses organes, par la publicité des débats parlementaires et une liberté illimitée de la presse et de la parole. Elle exigeait en outre qu'on transférât maintes fonctions et moyens de pouvoir des mains de l'Etat et de ses fonctionnaires, aux communes et aux provinces, à qui il fallait accorder une libre administration autonome. Cette administration autonome n'était d'ailleurs pas la reconstitution du particularisme médiéval. La commune ne devait pas redevenir le tout indépendant qu'elle avait été. Elle restait une partie du grand tout, de la nation, dans le cadre de laquelle et pour laquelle son action devait s'exercer. Les droits et les devoirs des communes vis-à-vis de l'Etat ne sont plus établis par des conventions particulières : ils sont le résultat de la législation générale (valant d'une manière égale pour toutes) ; ils sont déterminés par les intérêts de l'Etat tout entier, non par ceux des communes.

La démocratie devait en outre réclamer que le plus puissant moyen de pouvoir de l'Etat, l'armée permanente, fût dissoute, et remplacée par une armée du peuple, une milice nationale.

Enfin elle avait à obtenir que l' « atomisation » forcée de la société cessât, non assurément en tant que cette atomisation est le produit du développement économique, mais en tant qu'elle résulte de l'envahissement violent de la police d'Etat. L'isolement forcé des citoyens les uns des autres devait prendre fin ; ils auraient le droit de se réunir en associations pour la défense de leurs intérêts communs, afin de pouvoir « figurer » plus puissamment dans l'Etat et dans la société. D'où la revendication des libertés de réunion, d'association et de coalition.

Le second devoir de la démocratie était de faire de l'Etat le serviteur du peuple. L'exemple de l'Angleterre, sous ce rapport, fournissait un modèle. Là, on voyait la royauté absolument impuissante vis-à-vis du Parlement. Une assemblée représentative, constituée avec les droits du Parlement anglais vis-à-vis de la couronne, paraissait le moyen le plus puissant, et même le seul moyen possible, de soumettre à un contrôle l'énorme puissance d'un État moderne centralisé, et de faire du gouvernement le serviteur du peuple.

La lutte pour des institutions parlementaires est donc intimement liée avec l'éveil d'une vie politique dans les pays d'Europe. Elle a abouti partout, comme on le sait, à l'instauration du parlementarisme, même là où les gouvernements ont fait tous leurs efforts pour reprendre d'une main ce qu'ils donnaient de l'autre, et pour rendre les parlements aussi impuissants que possible. Mais il n'y a jusqu'ici en Europe que la Russie qui ait pu se soustraire pleinement à la forme constitutionnelle ; même en Turquie, il y eut, pendant la dernière guerre russo-turque, une manière de Parlement. D'ailleurs, en Russie même, l'établissement du régime constitutionnel n'est plus qu'une question de temps.

Mais si l'Angleterre montrait combien le parlementarisme peut devenir dangereux pour la royauté absolue, elle montrait aussi qu'un Parlement n'est pas nécessairement la représentation fidèle du peuple.

C'est pourquoi, la lutte pour le droit de suffrage fut aussi importante que la lutte pour le Parlementarisme ; de ce droit dépend, la question de savoir si le Parlement sera un instrument de domination pour la classe de l'aristocratie, s'il servira à la bourgeoisie, ou s'il sera le champ de bataille pour la lutte de classe entre la bourgeoisie et le prolétariat. La lutte pour le droit de suffrage est beaucoup plus acharnée et plus longue que la lutte pour un régime constitutionnel. Elle dure encore aujourd'hui dans la plupart des pays d'Europe.

Le suffrage universel direct et égal est le plus important, mais non le seul moyen pour faire du Parlement le serviteur du peuple et l'expression fidèle des tendances qui dominent en son sein. Dans le même sens agissent encore une série d'institutions moins décisives, mais nullement insignifiantes, le raccourcissement des législatures, le vote secret, l'établissement du jour de vote le dimanche, la représentation proportionnelle. Même pour des institutions de cette sorte, les partis luttent avec vigueur dans tous les pays.

Dans la série des institutions que nous venons de citer se rangent le référendum et l'initiative, qui dans la Suisse démocratique ont pris une certaine importance. Le référendum est le droit du peuple par lequel, sous certaines conditions, celui-ci peut voter sur les décrets de l'Assemblée législative. L'initiative est le droit du peuple par lequel celui-ci peut voter sur des décrets qui lui sont proposés par des groupes de citoyens.

D'après l'article 89 de la Constitution suisse de 1874, des lois et des décisions générales concernant la confédération peuvent être soumises au peuple pour être adoptées ou rejetées, si la demande en est faite par 30.000 électeurs ou par 8 cantons.

L'article 123 de cette Constitution rend le vote du peuple obligatoire pour la revision de la Constitution (par le décret du 8 avril 1891, la même condition est exigée pour les revisions partielles).

Le droit d'initiative n'existe pas dans la Constitution fédérale pour des lois ordinaires. Mais l'assemblée fédérale est obligée d'obéir à la volonté du peuple, si 50.000 électeurs demandent la revision totale ou partielle de la constitution (articles 120 et 121.)

Les droits du peuple vis-à-vis de l'assemblée vont plus loin encore dans beaucoup de cantons. Dans maint d'entre eux, le référendum est obligatoire et non facultatif comme dans la Constitution fédérale. De nouvelles lois et de nouveaux décrets (surtout pour ce qui concerne les finances) doivent être soumis au vote du peuple dans les cantons de Zurich, Berne, Aargau, Thurgau.

La plupart des autres cantons ont le référendum facultatif, comme l'initiative. Fribourg est le seul canton suisse où il n'y ait pas trace de référendum ni d'initiative. Genève, Waadt et Neuenbourg n'ont que le référendum facultatif.

Mais nulle part le référendum et l'initiative ne tendent à rendre inutile la représentation parlementaire. Faire les lois reste presque partout la fonction des Parlements. Le référendum donne seulement au peuple le droit de voter sur les lois que l'assemblée cantonale ou fédérale a faites. L'initiative ne donne, le plus souvent, d'une manière expresse au peuple, que le droit de proposer des vœux à l'assemblée des députés : la confection de la loi reste l'office de l'assemblée.

Référendum et initiative n'ont pas pour but de supprimer la puissance législative centrale, c'est-à-dire le Parlement, mais de fortifier l'influence du peuple sur lui et de le rendre plus dépendant des électeurs. Ces deux institutions sont les conséquences extrêmes de la démocratie moderne.

VIII

LE PROJET DE RITTINGHAUSEN.

L'année 1848 marque l'apogée de la démocratie bourgeoise. Celle-ci ne fait plus dès lors que décliner. Elle avait tiré sa force de l'aveuglement avec lequel elle ignorait les antagonismes de classes dans la masse du peuple. C'est seulement à la manière dont elle avait soudé en une seule masse les différentes classes, depuis la bourgeoisie jusqu'au prolétariat, en exagérant l'importance des buts politiques communs pour ne pas voir ce qui pouvait les diviser, qu'elle avait dû de former une phalange irrésistible. Le jour de la victoire fut aussi le jour du désastre. Lorsque l'absolutisme monarchique (en France l'absolutisme parlementaire de la haute finance) et l'aristocratie de cour furent renversés, le lien se dénoua, qui avait réuni travailleurs et capitalistes, ville et campagne. Chaque classe se mit à chercher et dut chercher à faire servir à son propre intérêt les libertés nouvellement conquises ; la liberté démocratique ne conduisit point à la paix sociale, mais à la guerre sociale ; les alliés d'hier devinrent les ennemis les plus acharnés, — le plus souvent à leur propre surprise, car la démocratie avait soigneusement évité de découvrir les antagonismes qu'elle recélait en son sein.

Lorsque ces antagonismes firent librement éclosion, après 1848, la démocratie fut jetée à terre.

La plus grande partie des Démocrates ne s'en sont pas alors rendu compte. L'idée que le peuple était une masse homogène, avec des intérêts harmoniques, avait formé pour ainsi dire la colonne dorsale de la démocratie. Pendant plus de deux générations, elle avait été proclamée par les plus grands et les plus nobles esprits de toutes les nations, elle avait enthousiasmé tous les éléments intellectuels et humanitaires des peuples d'Europe. Cette idée, avec ses insuffisances et les illusions qui s'y rattachaient, n'était pas sortie des erreurs de quelques obvervateurs superficiels ; c'est la situation historique du siècle qui l'avait inculquée aux nations : et l'on ne jette pas, sans plus de façon, une telle idée par-dessus bord.

Ce n'est pas dans la composition du peuple, ce n'est pas dans la diversité des intérêts et des conceptions de chaque classe (encore moins des classes inférieures), que les démocrates cherchèrent les causes de leur insuccès, mais dans des circonstances extérieures, dans les fautes de quelques hommes ou de quelques institutions.

C'est dans les Parlements d'alors, particulièrement dans les Parlements allemands et français, dans leur composition, leur manque d'énergie, que beaucoup croyaient trouver la cause la plus importante de l'échec de la Révolution démocratique. D'autres se tournaient contre le Parlementarisme en général, et parmi ceux-ci le démocrate allemand Rittinghausen.

Le système représentatif, expliquait-il, est responsable de tous les maux sociaux. Il est absurde, écrivait-il, « de faire représenter blanc par noir, *un intérêt général* par un *intérêt privé*, qui lui est diamétralement opposé. S'ils étaient tous deux identiques, il n'y aurait pas besoin d'un Etat, parce que la paix et la justice régneraient partout d'elles-mêmes; mais il n'y a pas identité, et la logique défend d'accorder le droit législatif à un groupement de quelques centaines d'intérêts privés — si semblables, qu'ils se meuvent souvent dans le cercle de l'intérêt de classe de la bourgeoisie, et de confier à cette dernière le soin du bien général (1) ».

On devrait abolir le système représentatif et lui substituer la législation directe par le peuple. Que cela soit, et la volonté du peuple se manifes-

(1) Rittinghausen, Discours social-démocratique, 3 ch. ; *Les fondements ruineux du système représentatif*, Cologne, 1869, p. 10. Voyez aussi son livre français, *La législation directe par le peuple et ses adversaires*, Bruxelles, 2, id., p. 62.

tera librement, et le « droit vrai », « l'intérêt général » arriveront d'eux-mêmes à dominer. « La république démocratique et sociale consiste dans l'abolition du système représentatif et dans l'introduction de la législation directe par le peuple. L'honneur d'avoir proclamé cette vérité, le premier et sans relâche, je n'hésite pas à le dire, me doit revenir tout entier (1). »

L'idée d'une législation directe par le peuple, en elle-même, n'était pas neuve. Tout homme instruit la connaît par l'histoire d'Athènes et de Rome, par l'histoire des anciens Germains. Au milieu de l'Europe, elle était restée vivante encore dans quelques vallées retirées des Alpes, en Suisse ; aujourd'hui encore, des restes de ces assemblées périodiques du peuple qui primitivement forment la plus haute autorité, se sont conservés. Au printemps, avant le départ des bergers pour les Alpes, les citoyens adultes du canton se rassemblent pour décider librement des affaires publiques, choisir les fonctionnaires, faire les lois, etc. Mais tout comme dans les temps anciens, ici aussi c'est une condition nécessaire, que les affaires publiques soient réglées en une seule assemblée. Ce que la législation directe présuppose, c'est la petitesse du canton. Il ne doit pas être si grand que chaque citoyen ne puisse se

(1) Rittinghausen, idem, ch. II. *Sur la nécessité de la législation directe*, p. 18.

rendre à l'assemblée sans peine, sans perte de temps et d'argent ; sa population ne doit pas être si nombreuse, que les citoyens ayant le droit de vote ne puissent tous se réunir et s'entendre en une seule réunion (1).

Jusqu'à Rittinghausen, personne, pas même un critique aussi pénétrant du système représentatif que J.-J. Rousseau, n'avait cru possible de faire régler les affaires publiques de *grands Etats* par une législation populaire directe. Le premier, Rittinghausen a tenu la chose pour possible et proposé le moyen de mettre en pratique son idée : celle-ci ne ressemble pas plus à la primitive législation directe, telle que maintenant encore les assemblées des citoyens de quelques cantons suisses nous la représentent, qu'au référendum et à l'initiative, par où en Suisse le peuple contrôle et stimule ses représentants.

« La législation directe chez ces peuples (Romains, Grecs et Germains), dit Rittinghausen, n'a jamais été l'organisation que j'ai proposée et que l'on adoptera infailliblement, puisque seule elle est rationnelle.

(1) Encore en 1860, Uri comptait 14700 habitants, Unterwalden au-dessus de la forêt 13000, au-dessous 10000, Glarus 33000, Appenzell-Ausserhoden 48000, Innerrhodenn 12000. Pas un seul canton avec législation directe de l'assemblée des citoyens ne compte au-dessus de 50000 habitants. Les affaires publiques sont si primitives en ce canton et si peu importantes qu'un ou deux jours d'assemblée suffisent en un an pour leur réglementation.

« Je dois réclamer l'honneur d'avoir trouvé à moi tout seul cette organisation, découvert l'art, qui jusqu'ici était resté inconnu, de faire élaborer les lois librement et organiquement par de libres assemblées de tout un peuple, d'avoir ouvert à la science de la législation une ère nouvelle (1). »

En quoi consiste donc la nouveauté dont notre inventeur est si fier?

Rittinghausen trouve tout à fait superflu que ce soit une seule et unique assemblée qui fasse les lois. Son avis est qu'une seule et même loi doit être faite en même temps par plusieurs milliers d'assemblées légiférantes qui délibèrent les unes à côté des autres, sans lien et pêle-mêle.

Voyons le projet de Rittinghausen de plus près.

Aussitôt qu'un certain nombre de citoyens, nombre fixé par la loi, demande que tel ou tel objet soit mis à l'ordre du jour du peuple, — aussitôt que ce nombre de citoyens réclame la promulgation d'une nouvelle loi concernant telle chose ou telle autre, la réforme, l'abrogation d'une vieille loi, le ministère est obligé de convoquer le peuple dans un délai déterminé, pour qu'il se réunisse à tel jour fixe, prenne ses décisions et fasse acte de législateur.

. . . .

(1) *La législation directe*, p. 198.

Pour l'exercice de son droit législatif, le peuple doit être partagé en sections, dont chacune comprend au plus 1000 citoyens... Chaque section se rassemble dans un local à ce destiné... elle nomme son président, qui dirige les débats. Chaque citoyen peut obtenir la parole, pour porter son avis à la connaissance de tous.

Les débats clos, chaque citoyen émet son vote. Après le vote, le président fait au maire de la commune les communications nécessaires sur ce vote, en comptant par rapport à chaque section le nombre des voix pour et contre. Le maire rassemble les voix des sections de sa commune, le chef de district celle des communes de son district, « et les envoie au plus haut pouvoir du pays, le ministère, qui doit établir le résultat pour tout le pays — naturellement toujours sous un contrôle sévère, — et l'annoncer par l'organe d'une presse officielle (1). »

Tel est le projet de Rittinghausen, qu'il ne faut pas confondre avec *l'initiative* de la Suisse.

Par l'initiative, *une question déterminée* est posée au peuple, et il y faut répondre par oui ou par non. Ou bien les auteurs de l'initiative répandent parmi le peuple un projet de loi formulé, ou, ce qui est la règle, ils apportent la demande d'abrogation ou de promulgation d'une loi déterminée pour la soumettre au vote. L'éla-

(1) *La législation directe*, ch. IV, p. 9-11.

boration de la loi obtenue revient en dernier ressort au corps représentatif, au Parlement.

Rittinghausen répugne à ce système : « La législation directe doit se développer organiquement au sein du peuple lui-même ; toute élaboration d'un projet de loi par une corporation spécialement chargée de ce soin, et qui soumettrait au vote du peuple sa proposition élaborée, doit disparaître complètement avec elle. »

Dans l'Etat, selon Rittinghausen, personne n'a le droit de soumettre au vote du peuple une question déterminée, un projet déterminé. Pour poser la question, chaque section est *souveraine*. Si une partie du peuple a fait la proposition de régler par une loi une certaine question, alors, dans la presse et les réunions, « des projets sont faits, développés et exposés pour la position de la question ; le comité ou le congrès des initiateurs du mouvement a réuni et recommandé les siens, sans pour cela vouloir peser sur la liberté des délibérations populaires. Croit-on maintenant que ce serait, sous certaines circonstances, une lourde charge pour le président de section, de poser d'une manière rigoureuse la question de principes ? Croit-on — si au début cette dernière n'était pas posée exactement — que le président ne serait pas remis dans le bon chemin par les membres de la section ? » (P. 16-17.)

Rittinghausen est convaincu que dans chaque section la question, en ce qu'elle a d'essentiel, sera posée assez heureusement pour qu'il ne soit pas malaisé de dégager la volonté du peuple du vote de toutes les sections.

Il prend un exemple pour nous persuader. Il suppose « que 200.000 habitants d'un grand Etat aient acquis la conviction que le système actuel de propriété foncière privée est une institution nuisible pour le peuple et désormais incompatible avec l'intérêt général ». Si maintenant la question de la propriété du sol se pose devant les sections, les présidents devront naturellement la résoudre en les suivantes :

1. Le sol du pays doit-il rester propriété privée ou devenir la propriété commune de la nation ?

La majorité se prononce naturellement dans le dernier sens.

2. Le sol doit-il être racheté ou repris simplement par le peuple, sans indemnité pour les propriétaires actuels?

La majorité est pour le rachat.

3. En quoi consistera l'indemnité à payer ? En argent comptant ou en obligations sur l'Etat portant intérêts ?

On adoptera ce dernier système.

4. Comment le sol doit-il être exploité par l'Etat? Par allocation à des particuliers ou à des coopératives ? ou enfin en cultivant pour le compte des communes solidarisées ?

La majorité tombera d'accord sur ce dernier projet.

Et c'est ainsi que dans l'Etat de Rittinghausen la grosse question de la propriété foncière sera résolue comme en se jouant, en un seul jour, par le peuple réuni dans ses sections.

Mais qu'arrivera-t-il, si dans les quelques 10.000 sections, en lesquelles se décompose la population électorale d'un grand Etat, toutes ne s'accordent pas pour poser la question comme la pose Rittinghausen ?

Rittinghausen pense qu'on ne peut se déclarer que pour ou contre la propriété privée du sol. C'est une erreur. Même parmi les partisans de la propriété privée, il en est beaucoup qui voudraient voir maintes catégories de terres devenir propriétés de l'Etat, et même parmi ses adversaires les plus résolus, il y en a peu qui voudraient voir toute la propriété d'un pays passer d'emblée entre les mains de l'Etat. Cette méthode ressemble quelque peu à ces conceptions sur lesquelles nos adversaires s'appuient pour réclamer de nous le plan de la société future, conceptions d'après lesquelles nous voudrions en l'espace de vingt-quatre heures bouleverser toute la société. Naturellement on le peut, sur le papier ; on peut déclarer abolies toutes les lois existantes, simplement, et non moins simplement décréter la socialisation des moyens de production. Si l'on conçoit la chose non *juridiquement*, mais *économiquement*, si l'on réfléchit qu'il s'agit d'un nouveau mode de production à développer et non simplement d'une paire de nouvelles formules de droit à établir, on se convaincra qu'avec de simples schèmes, comme les questions de Rittinghausen les présentent, il n'y a rien de fait.

Si l'on posait devant les sections la question de la propriété du sol dans un pays où il y a encore une forte paysannerie, on aurait du mal à trouver une majorité pour la socialisation inconditionnelle de toute la terre. Et même beaucoup de partisans de la socialisation ne voudraient que d'une nationalisation progressive.

Les uns voudraient en excepter l'ensemble de la petite propriété paysanne. D'autres peut-être ne socialiseraient que les forêts, d'autres que les mines, un plus grand nombre enfin que la propriété urbaine, parmi lesquels il se trouverait encore beaucoup de gens pour ne demander que la nationalisation du terrain non bâti, etc., etc. En fait, la première question, à elle seule, comporte des centaines de combinaisons.

De même chacune des suivantes. Rittinghausen fait un mérite, à la législation qu'il propose, d'être claire. C'est qu'il confond simplicité avec uniformité. Prenons, par exemple, la question des indemnités. Tous les propriétaires fonciers, dont on reprendra le sol, doivent, d'après Rittinghausen, être indemnisés d'égale manière. Chacun d'eux doit obtenir le même pourcentage de la valeur de son fonds. Le propriétaire d'un latifundium et le spéculateur sur terrains pour constructions auront leur indemnité mesurée à la même mesure que le petit paysan? Et les hypothèques?

Et de même que pour l'indemnisation des propriétaires, on doit procéder pour la mise en valeur du sol avec la même uniformité : partout au compte des communes. Comme si les procédés d'exploitation les plus divers n'étaient pas possibles, ne pouvaient pas être employés les uns à côté des autres, et même ne devaient pas l'être! Ne peut-il y avoir des citoyens qui soient d'avis de placer les forêts sous l'entreprise directe de l'Etat, de faire exploiter les mines par des syndicats de travailleurs pour le compte de l'Etat, de louer les grandes propriétés à des associations agricoles, et de confier le soin de tout ce qui touche à l'habitation, aux communes ou aux cantons? Beaucoup ne demanderont-ils pas que des maisons particulières soient construites sur le modèle des cottages anglais, par les communes et les cantons, et louées à des particuliers? Nous aurions ainsi une mise en valeur du terrain national à la fois par l'Etat, par de grands syndicats, de petites associations, par les communes ou les cantons, et enfin par des particuliers. En réalité, les formes d'exploitation seraient encore plus diverses! Et c'est cet organisme aux formes multiples à l'infini que l'on veut faire entrer dans cet étroit lit de Procuste, en lui retranchant tous les membres qui le rendent capable de vie, et c'est là ce que Rittinghausen appelle apporter de la simplicité et de la clarté dans la législation ! Autant soutenir que la scie à refendre apporte de la clarté dans les formes pittoresques d'un vieux chêne !

En réalité, la méthode de législation directe proposée par Rittinghausen, loin de la simplifier, la ferait s'égarer en un dédale d'où l'on ne pourrait sortir. Le transfert du travail législatif *d'une* assemblée à *dix mille* assemblées, dont les délibérations indépendantes s'enchevêtreraient, n'aurait qu'un résultat : *le chaos !*

Nous parlons ici du transfert du travail législatif *d'une* assemblée à *dix mille* assemblées. Mais ce n'est pas encore exact. Ce n'est qu'*une* des fonctions de l'activité législative que Rittinghausen transporte à ces assemblées légiférantes. Les autres fonctions, il le reconnaît lui-même, ne sauraient être exercées que par une assemblée unique. Mais ne voulant pas entendre parler d'une seule assemblée légiférante, il escamote tout simplement lesdites fonctions.

L'activité législative ne consiste pas seulement à voter sur des projets de lois. Si les Parlements n'avaient rien d'autre à faire, le travail parlementaire serait aisé. Mais les législateurs doivent avant tout prendre soin que la rédaction de la loi corresponde à son objet ; et si elle est adoptée, ils doivent veiller à ce qu'elle soit appliquée et à la manière dont elle l'est.

La rédaction des lois donne, comme nous l'avons

vu, peu de souci à Rittinghausen. Le *ministère*, ainsi qu'il est d'avis dans ses « Discours social-démocratiques », où une *commission de rédaction*, comme il le propose dans sa brochure française, devra, après que les votes des sections seront connus, « élaborer un texte de loi clair et simple, et qui aura l'avantage de ne pas prêter à diverses interprétations, comme la plupart des lois que nos Chambres font, où en général l'on paraît tendre constamment à favoriser le penchant des juristes aux ambiguités (1). »

Maintenant, pourquoi cette commission de rédaction sera-t-elle si comblée des grâces divines, au contraire de nos diaboliques Parlements, voilà ce que Rittinghausen ne nous dit pas.

Louis Blanc avait déjà repris la question et montré qu'en présence du chaotique enchevêtrement des votes, avec lequel la commission de rédaction aurait à faire, elle devait nécessairement, pour élaborer un texte simple et clair, s'arroger un pouvoir bien plus autonome qu'un Parlement issu du suffrage universel.

A cela Rittinghausen réplique que si la commission de rédaction voulait s'arroger un pouvoir parlementaire, le peuple l'écarterait. On se passerait de formuler le texte de la loi.

Il présuppose naturellement que, dans chaque

(1) *La législation directe*, p. 42.

affaire, chaque président de chaque section pose les mêmes questions simples.

L'exécution de la loi n'offre enfin pour Rittinghausen aucune difficulté. Elle va de soi. Voici ce qu'il dit sur l'application de la loi citée plus haut : « L'estimation du sol serait confiée à des commissions choisies dans les communes et placées sous le contrôle du peuple ; la délivrance des obligations d'Etat destinées à indemniser les propriétaires serait réglée par une loi facilement ébauchée et émanant du peuple de la manière décrite plus haut, la mise en valeur du sol enfin erait déterminée dans chaque commune d'après a mesure fixée dans la nouvelle loi déjà promulguée, par des décrets des sections communales (1). »

Que l'on se représente comment les communes rurales, qui auraient voté pour le maintien de la propriété privée, appliqueraient la nouvelle loi, par leurs commissions, sous le « contrôle du peuple », même si elle était clairement et simplement rédigée !

Qui contrôle ? Chaque commission particulière est-elle contrôlée par l'ensemble du peuple ? Comment cela se peut-il ? En réalité, le « contrôle du peuple » serait un simple contrôle de la commune.

Le ministère devrait alors apporter de l'unité

(1) *Discours social-démocratiques*, IV, p. 26.

dans l'action des communes ? Mais qui veille sur le ministère ?

A ces questions nous n'obtenons pas plus de réponse qu'à celle-ci : Qui maintient les finances de l'Etat ? Il n'y a point de Parlement, le ministère n'a aucune initiative ; la fixation du budget annuel reste ainsi abandonnée aux mouvements spontanés qui peuvent s'élever du sein du peuple !

Nous ne savons pas en réalité pourquoi Rittinghausen s'est cru obligé de combattre l'anarchisme.

IX

LA RÉDACTION DES LOIS.

Rittinghausen n'attache pas grande importance au texte même dans lequel les lois sont formulées. « Si la décision du peuple, dit-il, a mis au jour le principe réellement juste, toutes ses conséquences se montreront d'une manière si simple et en nombre si petit, si facilement discernable, que tout regard pourra les apercevoir et tout esprit les comprendre et les enchaîner sans peine (1). »

La chose ne nous paraît pas aussi simple. Une loi est un essai, par l'intermédiaire d'un ordre ou d'une défense de l'Etat, d'influencer les rapports sociaux dans une certaine direction, que les intérêts de l'Etat ou de la classe dominante commandent.

Mais l'Etat n'est pas le seul facteur qui ait une action déterminante sur la vie sociale. Aucun monarque, aucune classe, le peuple lui-même en son entier ne peuvent, à leur gré agir sur

(1) *Discours social-démocratiques*, IV, p. 15.

elle par la force politique. L'Etat n'est qu'un facteur, entre beaucoup d'autres, dans la société : il subit autant l'influence de ces autres facteurs que lui-même ne les influence, et il dépend, comme tous les autres, en dernière instance, des rapports économiques.

La doctrine manchestérienne et l'anarchisme jettent vraiment, comme on dit, le manche après la cognée, en soutenant que les lois de l'Etat n'ont sur la vie sociale qu'une action d'arrêt ; que la vie sociale s'organise d'une manière d'autant plus parfaite qu'elle est moins mise en tutelle par l'Etat ; d'où les anarchistes concluent que l'Etat doit être détruit et les gens de Manchester, — gens bien nantis, et qui craignent pour leur bourse, — conseillent à l'Etat (ou plutôt conseillaient, car un Manchestérien orthodoxe est devenu aussi rare qu'un vrai chrétien), de ne s'occuper que de police, mais de le faire avec le plus grand zèle.

Ce qui est sûr, c'est que la puissance de l'Etat rencontre des limites dans les rapports sociaux, et que les lois ne peuvent avoir de l'efficacité que si elles tiennent compte de ces rapports.

Une loi de l'Etat est tout autre chose qu'une loi de la science. Une loi scientifique n'est qu'un simple principe, une proposition générale. Pour trouver une loi, la science doit abstraire, elle doit négliger tous les éléments qui contrarient dans la réalité son action, si bien qu'une loi scientifique ne peut pas être appliquée telle quelle. Une loi politique, au contraire, doit tenir compte de tous ces facteurs susceptibles de nuire à son efficacité ou même de s'opposer à elle. Pour cette seule circonstance, les lois, dans une société aussi complexe que la nôtre, ne sauraient contenir de simples maximes générales, mais doivent être rédigées avec une grande pénétration comme avec le plus grand soin, si elles veulent atteindre leur but.

Mais c'est d'autant plus nécessaire encore que dans notre société la législation ne peut avoir sur les rapports sociaux qu'une influence partielle et indirecte.

La société capitaliste est une société où la production marchande est hautement développée. Elle s'éparpille en des milliers, que dis-je, en des centaines de milliers d'entreprises, dont aucune ne produit pour l'usage personnel, mais toutes pour le marché. Il s'ensuit que chacune de ces entreprises est, avec ses moyens de production, autonome, indépendante des autres entreprises et de toute la société ; la propriété privée des instruments de production règne, et ce n'est pas la société qui, d'après un plan méthodique, règle la production des entreprises privées pour le marché, mais l'unique régulateur de la production est la libre concurrence. Sous un tel mode de production, les rapports économiques, et les rapports sociaux en général, passent, pour ainsi dire, au-dessus de la tête de la société. Les hommes ne sont pas en état de les gouverner, ils sont gouvernés par eux.

La législation ne peut avoir sur ces rapports qu'une action indirecte. Une action directe ne serait possible que si la collectivité était maîtresse de la production, c'est-à-dire que si la production socialiste régnait. Dans la société capitaliste, l'Etat ne peut ordinairement avoir prise que par détours sur les rapports économiques et sociaux. Trouve-t-il que l'on sème trop peu de blé dans le pays : la loi ne peut pas ordonner qu'une plus grande partie du sol sera consacrée à la culture du blé. L'Etat peut seulement favoriser cette culture au moyen de droits de douane, de primes, etc., et il reste toujours à se demander si par là il atteint son but.

Il ne suffit nullement que la loi exprime une maxime générale, c'est-à-dire, dans le cas précité, une prescription générale. Tout dépend de règles particulières, destinées à traduire l'intention du législateur. Ces règles ne se tirent nullement du principe sur lequel la loi repose. Leur établissement ne peut — ou ne doit tout au moins — résulter que d'une étude approfondie des rapports sociaux ; le législateur doit les déterminer d'une façon exacte.

Mais la législation n'a pas seulement sur la société une action indirecte, cette action est aussi simplement partielle ; et elle s'exerce non par une seule loi, mais par une série de lois, une série indéfinie. Chacune d'elles ne concerne qu'un petit morceau de la vie sociale. Et néanmoins la société est un organisme un. La législation doit, pour avoir de l'efficacité, être une aussi ; les lois particulières doivent s'accorder entre elles, sans se contredire l'une l'autre.

Apporter de l'unité dans la législation et l'y maintenir, tâche importante. Elle incombe à la science du droit, et la coopération des juristes à la confection des lois est par là rendue indispensable en fait. L'unité dans la législation est d'autant plus observée, que le gouvernement et les partis prépondérants suivent une politique de principes et qu'ils agissent plus consciencieusement dans la législation. Plus au contraire la législation se laisse guider par les intérêts du moment, par l'humeur de hauts personnages, plus elle agit légèrement, et plus le droit deviendra confus, plus inefficaces les lois, toutes d'occasion et d'exception, et plus misérable la juridiction.

De ce point de vue aussi une préparation approfondie et une rédaction soigneuse de la loi sont absolument nécessaires.

Mais à cela s'ajoute encore une considération, la plus importante de toutes peut-être.

Dans la société actuelle, avec ses oppositions d'intérêts aiguës et multiples, il ne saurait y avoir que peu de lois qui ne heurtent pas certains intérêts personnels ou de classe, d'une manière durable ou passagère, sous des circonstances déterminées, d'un autre côté, pas de loi qui ne favorise certains intérêts. Ceux que la loi atteint cherchent à lui donner autant que possible un sens qui corresponde à leurs intérêts. Il s'est formé une classe d'hommes particulière, les juristes, qui sont chargés de trouver, si possible, pour leurs clients des interprétations favorables de la loi. Si comme théoricien le juriste cherche à mettre de l'unité dans la législation, comme homme pratique, il doit s'efforcer de mettre en lumière toutes les lacunes, contradictions et obscurités de la législation qui peuvent servir la cause qu'il défend.

Ce qu'il faut donc à tout prix exiger de chaque loi, c'est une rédaction aussi précise que possible, et telle qu'on ne puisse la tourner. Une telle rédaction n'est pas aisée. Même parmi les amis d'une certaine loi, les vues les plus diverses se manifestent lorsqu'il s'agit de la rédiger de la façon qui réponde le mieux à son objet. Il faut chicaner sur les mots, si l'on veut prévenir la chicane sur les mots.

Mais les partisans de la loi ont toute raison de s'efforcer de lui donner la rédaction la plus exacte possible et la plus adéquate ; ses adversaires, eux, ont toute raison, ne pouvant en empêcher le vote, de faire en sorte qu'elle reçoive une rédaction qui en affaiblisse autant que possible l'efficacité.

En outre, l'arbitraire des fonctionnaires qui

ont à appliquer la loi, se livre d'autant plus carrière que la loi est moins exactement rédigée.

La diversité des intérêts rend encore nécessaire pour une autre raison une rédaction aussi soignée que possible du texte de la loi. Si chaque loi correspond à certains intérêts, elle ne répond pas seulement à un seul, mais en général à des intérêts très multiples. Il n'arrivera que rarement, dans un Etat démocratique, qu'une loi, bien accueillie par la majorité du peuple, ne corresponde qu'à l'intérêt d'une seule classe ou d'une seule catégorie de citoyens, et même là où une seule classe formerait la majorité de la population, il se trouverait en elle des groupes divers avec des intérêts divers. Enfin, il pourra, au sein même de ces groupes ou à l'intérieur d'un même parti, se manifester des divergences sur la manière dont la loi pourra répondre à un intérêt déterminé.

Bref, chaque loi repose sur un compromis, le plus souvent d'intérêts divers, toujours au moins de conceptions différentes. Rejeter tout compromis, c'est rendre impossible toute législation. Et cela est vrai non seulement de la législation parlementaire, mais de la législation par le peuple, ainsi que l'exemple de la Suisse le montre. Plusieurs classes et plusieurs partis collaborèrent toujours aux lois que le référendum et l'initiative firent passer.

Justement parce que la loi est un compromis,

chacune des classes, chacun des partis ou groupes qui participent à sa confection veillent soigneusement à ce qu'elle reçoive une rédaction qui réponde à leurs intérêts et à leurs conceptions particulières.

L'élaboration d'une loi est donc une question de la plus haute importance, qui réclame autant d'expérience que de soin. Ce n'est pas en vain que les luttes les plus vives se livrent dans les Parlements autour du texte qu'on doit donner à la loi, et ce n'est pas inutilement que partout les règlements parlementaires prennent de nombreuses précautions contre une fabrication de lois désordonnée et hâtive.

Déjà la préparation d'un projet de loi de quelque importance qui doit êre soumis au Parlement, entraîne des difficultés considérables. Ceux de la fraction social-démocratique au Reichstag allemand qui ont collaboré aux projets de loi sur la protection du travail pourraient là-dessus en dire long. Et c'est un grand tort de reprocher à cette fraction de ne pas inonder le Reichstag de projets, pour faire des « démonstrations » ; si ces projets étaient bâclés, ils démontreraient tout autre chose que ce que leurs auteurs auraient visé ; ils donneraient lieu, non à faire éclater la mauvaise volonté de nos adversaires, mais à accuser la Social-Démocratie d'être hors d'état de créer rien de « viable ». D'autre part, préparer soigneusement des projets de loi, dont le renvoi est certain, c'est, dans la plupart des cas, perdre son temps et sa peine. Il y a des méthodes plus simples et plus efficaces pour démontrer que nos adversaires ne sont pas à prendre au sérieux avec leurs déclarations réformistes. Elaborer des projets de loi ne s'impose à un parti d'opposition que dans des occasions particulièrement importantes ou lorsqu'il espère — et le cas ne se présente pas souvent — aboutir à un résultat immédiatement pratique.

Dans la plupart des cas, l'initiative législative, le soi-disant travail « positif » devra émaner de la majorité du Parlement d'accord avec le gouvernement ; celui-ci doit veiller à ce que ses projets ne restent pas de simples projets, et à utiliser, sur le plus large ressort, les forces auxiliaires, juridiques et professionnelles, les matériaux de statistique et qui lui sont indispensables.

Rien de plus risible et de plus absurde que le reproche toujours adressé à la Social-Démocratie, de ne pouvoir rien faire de positif dans la législation, de ne savoir que « nier ». Si la Social-Démocratie se limite, dans les Parlements surtout, à une besogne de critique, cela ne veut point dire qu'elle est incapable d'émettre aucune proposition positive, mais qu'elle est en minorité ; la minorité dans tous les pays parlementaires n'a pas autre chose à faire que de la critique. Des projets, nous savons en faire assez, — notre programme le démontre. Quant à transformer en projets de loi tel ou tel article de ce programme, la Social-Démocratie, aussi longtemps qu'elle sera minorité, n'en aura que rarement l'occasion.

D'ailleurs critiquer un projet de loi n'est pas le moins du monde un travail purement négatif. Critiquer un projet de loi, c'est, dans la plupart des cas, chercher à le rendre meilleur. A ce travail tout le Parlement participe, non seulement la majorité, mais encore la minorité, non seulement ceux qui accueillent avec joie le principe de la loi, mais encore ceux qui le repoussent. Car de la rédaction définitive de la loi dépend son efficacité; affaiblir cette efficacité, tel est le devoir de ceux qui sont convaincus du caractère nuisible de la loi.

Si grand que soit le travail préparatif que nécessite un projet de loi, plus grand encore est souvent le travail que son élaboration exige dans le Parlement, dans les séances des fractions et des commissions, dans les discussions publiques enfin. Si la loi est importante, elle touche de gros intérêts, et la fixation du texte donne lieu en général à des amendements à l'infini, à des discussions interminables.

Qu'à cela beaucoup de temps soit gaspillé, beaucoup de paille vide remuée, qui voudra le contester ? Mais il ne faut pas se dissimuler que c'est là la caractéristique, ou, si l'on veut, la rançon non seulement du Parlementarisme, mais encore de toute discussion libre. Si l'on en fait un argument contre le Parlementarisme, il faut aussi l'adresser au droit de réunion et à la liberté de la presse.

Le mal ne serait pas diminué, si, comme Rittinghausen le veut, l'on remplaçait le Parlement unique par dix mille Parlements de mille membres chacun.

Au reste, si peu de cas que l'on fasse des délibérations parlementaires, elles sont encore, dans la société présente, si l'on ne veut pas faire de la législation le monopole de quelques individus, l'unique moyen de rendre possible l'amélioration des projets de loi, et cela par la participation des différents partis à leur confection, dans certains cas de tous les grands partis. Jusqu'ici au moins, on n'en connaît pas d'autre.

La préparation d'une loi, l'amélioration d'un projet de loi est incompatible avec la méthode de législation directe que propose Rittinghausen. Et déjà, le défaut inhérent à l'initiative comme elle est pratiquée en Suisse, c'est qu'elle ne permet pas d'apporter des amendements au projet. Ce défaut est très sensible, quand les projets de loi sortent du sein du peuple pour être soumis au vote général. De semblables projets doivent être adoptés ou rejetés tels quels. Si le rapporteur de la loi n'a pas atteint en tous points la formule exacte, le projet est ou rejeté par ceux-là mêmes qui en approuvent l'esprit, ou adopté, sans remplir son but. Cette forme de l'initiative qui se rapproche le plus du projet de Rittinghausen, puisqu'elle écarte les corps représentatifs, s'en distingue toutefois encore sur un point essentiel : Rittinghausen considère un projet de loi formulé comme étant déjà une limitation de la volonté populaire. Et c'est pourtant celle qui est entrée le moins dans la pratique. Peu de cantons seulement ont adopté en général cette forme de l'initiative, et nous ignorons si elle a acquis de l'importance.

La plupart des cantons, et la Fédération, ne connaissent que cette forme de l'initiative, par laquelle le peuple a la possibilité de charger le Parlement de l'élaboration d'une loi déterminée. On reconnaît par là que l'élaboration adéquate de la loi ne saurait être l'œuvre de particuliers et que cette importante fonction doit être laissée à l'assemblée représentative.

Un grand État moderne, en développant les formes démocratiques de sa constitution, ne saurait aller au delà de cette forme d'initiative.

X

L'APPLICATION DES LOIS.

Si importante que soit une rédaction soigneuse des lois, la meilleure ne sert cependant à rien si elle reste sur le papier ou si elle est appliquée arbitrairement. Veiller sur l'application des lois a toujours été une des principales fonctions des assemblées légiférantes.

La loi ne lie pas seulement les citoyens, elle enchaîne aussi les autorités, et pose des limites à leur arbitraire. Les gardiens de la loi ont des tentations aussi vives à fouler le terrain illégal que les « classes hors la loi », c'est-à-dire ces éléments de la population dont l'action et la vie, les efforts et les aspirations sont surtout limités par la loi. La tendance des fonctionnaires à l'illégalité se montre d'autant plus forte qu'ils sont moins contrôlés et que leur puissance est plus grande. Aussi l'absolutisme dans un Etat moderne est beaucoup plus insupportable que, par exemple, dans un sultanat oriental. Là, le despotisme forme la superstructure d'une société, qui, abstraction faite d'une mince population urbaine, se compose de villages pleinement indépendants au point de vue économique et n'ayant entre eux aucun lien organique. L'Etat ne se fait sentir aux particuliers que par l'intermédiaire de la commune dont l'organisation est pleinement démocratique ; les impôts d'Etat, par exemple, ne sont pas perçus par des agents particuliers, mais par la commune. L'individu ne se trouve pas isolé, sans défense, vis-à-vis de l'Etat, et l'Etat n'a que peu de raison de se soucier de l'individu. Les caprices du despotisme oriental ne touchent que l'entourage le plus immédiat, la masse du peuple n'est que rarement atteinte par les intrigues et les révolutions de palais.

Dans l'Etat absolu européen, au contraire, des XVIIIe et XIXe siècles, toutes les garanties de l'individu contre l'Etat ont disparu. L'Etat ne souffre à côté de lui aucune organisation indépendante. Toutes les fonctions qui ailleurs sont exercées par l'activité de communes et d'associations autonomes, deviennent ici des fonctions de la police d'Etat. La police croit unir en elle l'omniscience et l'omnipotence et agit conformément à cette croyance. Elle représente la puissance suprême, elle ne se considère liée par aucune loi. Les lois ne sont pour elle que des instruments de chicanes, de tracasseries et surtout d'exactions.

Bien plus mauvaise encore que la législation

du despotisme est la volonté arbitraire de ses fonctionnaires. C'est elle qui partout, dans l'Europe moderne, souleva contre lui la masse du peuple, et c'est elle qui pèse d'une façon si intolérable sur la Russie actuelle.

La démocratie cherche à limiter le plus possible le régime bureaucratique et à rendre le plus de fonctions qu'il se peut à la libre activité des communes et des associations autonomes. Mais cette tendance a une borne. De même que la production capitaliste, l'Etat capitaliste a besoin d'une centralisation toujours plus grande, et toujours plus nombreuses et plus grandes sont les charges que la société impose à l'Etat. Aussi le nombre des fonctionnaires et de leurs fonctions est-il, dans les Etats démocratiques, en constant accroissement.

Et le contrôle du gouvernement, ce centre de l'autorité de l'Etat, sous qui est placée la bureaucratie tout entière, devient d'autant plus important. Mais pour exercer ce contrôle, on n'a pas encore trouvé d'autre moyen qu'une assemblée représentative, et les partisans de la législation directe eux-mêmes n'en ont pas d'autre à proposer.

C'est surtout pour les minorités, pour les partis d'opposition, que ce droit de contrôle sur le gouvernement et ses agents devient d'une importance extrême; c'est pour eux le droit le plus précieux du Parlement. Sur le terrain de la législation, ils ne peuvent naturellement exercer qu'une influence médiocre. Au contraire, un simple député peut déjà, s'il est inflexible, et possède du courage et de l'habileté, dénoncer les abus de l'administration et les flétrir. Dans un Parlement aussi servile et impuissant que le Parlement autrichien, la présence de quelques hommes inflexibles et courageux est un aiguillon dans le flanc du gouvernement et impose une certaine limite à l'excessif arbitraire et à la brutalité des fonctionnaires. Et avons-nous besoin de rappeler quelle action exercèrent sur la masse du peuple et aussi sur les cercles gouvernementaux les débats du Reichstag allemand sur la prolongation du petit état de siège à Berlin, Hambourg, etc., comme aussi les débats sur les mauvais traitements infligés aux soldats ?

L'abolition du système représentatif, c'est donc la suppression de tout contrôle efficace sur le gouvernement. Qui écarte la représentation populaire, écarte aussi cette tribune, du haut de laquelle les accusateurs de la société actuelle peuvent parler au peuple entier. Dans chacune des 10,000 sections, chaque orateur ne parle qu'à un dix millième de peuple, il n'a devant lui aucun ministère obligé de lui rendre compte de ses actions, — ou bien faut-il instituer dix mille ministères ? — et ses considérations peuvent être étouffées, comme est étouffé aujourd'hui presque tout ce qu'un particulier avance dans les réunions publiques et même dans la presse. A mettre les choses au mieux, il faudrait dix mille fois autant de travail pour porter une question devant le peuple tout entier que ne donne un débat parlementaire.

Mais assurément Rittinghausen croyait bien que dans son Etat on n'aurait pas de plaintes à formuler contre le ministère, car — les ministres sont choisis par le peuple ! « Le ministère est appelé par le suffrage universel direct à la direction des affaires. » Mais depuis quand le choix d'un fonctionnaire par le peuple est-il une garantie contre l'usage arbitraire de son autorité ?

Rittinghausen ne dit-il pas lui-même qu'il est impossible de faire défendre l'intérêt général par un intérêt privé, que le peuple ne devrait jamais quitter des yeux les fonctionnaires élus par lui ? Ne répète-t-il pas le mot de J.-J. Rousseau que les Anglais n'étaient libres que le jour de l'élection, — et il croit pouvoir s'opposer aux abus de l'Etat, simplement en faisant nommer au peuple lui-même ses maîtres ?

Les ministres sont-ils exposés à de moindres tentations que les parlementaires, ou sont-ils plus impuissants ? Les parlementaires ne peuvent agir qu'indirectement sur l'Etat, par le gouvernement. C'est celui-ci qui dispose directement de toute l'énorme puissance de l'Etat. Et dans un Parlement les tendances les plus diverses sont toujours représentées. La majorité est soumise à la critique de la minorité. Un ministère, au contraire, doit être homogène ; là où un ministère de coalition se forme, c'est que les oppositions entre les partis coalisés ont cessé d'être fondamentales. On peut gouverner un Etat sans avoir de principes, on ne peut pas le diriger dans le même temps par des principes différents. Dans le gouvernement manque aussi le contrôle de la majorité par la minorité, et la puissance du gouvernement dans l'Etat moderne est bien plus vaste et plus immédiate que celle d'un Parlement : cependant Rittinghausen déclare qu'un Parlement, même s'il est dans la pleine dépendance du peuple, même s'il est élu par le suffrage le plus étendu, en pleine liberté de vote, et seulement pour une courte période — deux à trois ans — et placé sous le contrôle du peuple par le référendum et l'initiative — un tel Parlement, déclare-t-il, ne peut nécessairement que trahir le peuple. Mais un ministère, s'il est élu, devient par cela seul le serviteur le plus obéissant du peuple !

Çà et là pourtant cette réflexion n'est pas sans lui venir, qu'en face de l'énorme puissance de l'Etat centralisé il ne laisse subsister qu'un peuple éparpillé en dix mille sections. Il fait mention en passant d'une commission de contrôle, d'un comité de surveillance, qui serait naturellement élu, c'est-à-dire une assemblée représentative.

Qu'ils se tournent et retournent à leur gré, les partisans de la législation directe ont beau faire, ils finissent toujours par reporter — en dehors du vote définitif des projets de lois — les fonctions des assemblées légiférantes à des assemblées représentatives, s'ils veulent que ces fonctions soient remplies. Que ces assemblées s'appellent maintenant Parlement ou commission de rédaction, ou comité de surveillance, c'est un point naturellement fort indifférent ; si l'idiosyncrasie des adversaires du Parlementarisme s'effraie d'un mot, on peut facilement dissiper leur frayeur. Le système représentatif ressuscitera toujours, autant de fois qu'il leur plaira de le faire mourir.

Commission de rédaction et comité de surveillance ne pourront fonctionner sans droits déterminés ; si leurs délibérations veulent avoir un but, ils doivent prendre des résolutions que le gouvernement aura le devoir de respecter. On ne pourra donc pas leur dénier une certaine autorité.

Si, autant que possible, tous les grands intérêts et groupements d'intérêts, tous les partis et toutes les tendances du peuple doivent être représentés dans ces assemblées, le nombre de leurs membres sera aussi grand que le comporte le but d'une assemblée délibérante, c'est-à-dire à peu près aussi grand que le nombre des membres des Parlements actuels.

Enfin, on trouvera que c'est un pur gaspillage de force que de faire délibérer l'une à côté de l'autre deux Chambres, élues au même mode de suffrage, et contenant, en général, les mêmes partis dans des proportions égales de puissance, deux Chambres dont les fonctions s'enchevêtreraient de mille manières ; on trouvera qu'en fin de compte, il n'y a rien de changé et que les travaux de ces corps représentatifs seraient simplifiés si on les laissait à la charge d'une Chambre unique ; on réunira en un seul organe, commission de rédaction et comité de surveillance, — et finalement nous obtiendrons un Etat comme il existe aujourd'hui déjà en Suisse : une représentation du peuple, contrôlée par des votes du peuple.

Mais puisque les citoyens, qui élisent la Chambre des représentants, sont les mêmes que ceux qui votent sur les projets de lois élaborés par cette Chambre, on trouvera, dans la plupart des cas, que le vote du peuple et celui de l'assemblée légiférante, ou, si l'on veut, de l'assemblée qui rédige les lois, coïncident. Ce n'est qu'en des cas exceptionnels, lorsqu'il n'y a dans l'assemblée aucun parti qui ait nettement la majorité, ou lorsqu'il s'agit d'une loi ayant une portée particulière, qui remue la masse du peuple et pousse aux urnes les indifférents, eux-mêmes, — ces éléments dont on ne sait jamais qu'augurer, et qui d'ordinaire s'abstiennent, — qu'il peut se produire çà et là une différence entre le vote populaire et le vote parlementaire, — naturellement dans l'hypothèse d'une Chambre élue avec une pleine liberté de vote et seulement pour une courte période.

L'auteur de ces pages croit donc qu'il n'a aucune raison de changer quoi que ce soit à ce paragraphe de son écrit sur le « programme d'Erfurt » qui a soulevé l'indignation des partisans de la législation directe. Ce paragraphe disait : « Nous faisons ici abstraction de la législation directe par le peuple. Elle ne peut, au moins dans un grand Etat moderne, et c'est d'un tel Etat que nous nous occupons ici, rendre inutile le Parlement, elle peut tout au plus à côté de lui et pour en corriger l'action, dans certains cas, être mise en pratique. Faire décider par elle de l'ensemble de la législation d'un Etat, est absolument impossible, et il l'est tout autant, de lui confier la surveillance et la direction de l'administration publique. Aussi longtemps que subsisteront les grands Etats modernes, le centre de leur activité politique sera toujours dans les Parlements. »

Nous avons d'autant moins de raison de nous départir de ce point de vue, que la conduite même des défenseurs de la législation directe parle pour nous.

De même que le développement de l'Etat moderne conduisit nécessairement à confier le règlement des affaires publiques à une assemblée de députés, de même aussi toutes les organisations, qui ont embrassé un assez grand domaine, national ou même international, les partis politiques surtout se sont vus forcés de recourir au même moyen pour le règlement de leurs affaires : notre siècle n'est pas seulement le siècle du Parlementarisme, c'est aussi le siècle des Congrès. La Social-Démocratie suit l'exemple des autres partis — même là où comme en Suisse, par exemple, aucune loi ne l'empêcherait de régler des affaires selon la recette de Rittinghausen. Pourquoi les partisans de Rittinghausen ne proposent ils point à nos camarades suisses d'écarter les Congrès et de faire régler les affaires du Parti uniquement par les délibérations et les votes des sections ? Pourquoi regardent-ils les Congrès du Parti comme quelque chose de nécessaire et qui va de soi ?

Toutes les questions importantes dans la vie du parti social-démocratique ont, jusqu'ici, été portées devant les Congrès, assemblées de délégués ; des Congrès furent nécessaires pour finir les disputes, écarter les malentendus ; des Congrès, pour sanctionner des schismes, ou consommer des fusions ; des Congrès, pour discuter toutes les grandes questions de principes et de tactique. Les sections du Parti avaient tout au plus à confirmer les résultats ou à critiquer les votes des délégués.

Le système représentatif est le seul moyen pour tout le Parti de se concerter, s'entendre et prendre des décisions. Seul un Congrès permet de donner à la volonté générale son expression, seuls des Congrès produisent l'unité dans le Parti.

Si la Social-Démocratie tient le système représentatif pour indispensable dans le règlement de ses propres affaires, elle se rendrait ridicule à vouloir proclamer que ce système est superflu et nuisible dans le règlement des affaires publiques, et qu'il faut l'abolir.

Nous pouvons laisser ce plaisir puéril, mais non inoffensif, aux anarchistes ; ils peuvent dans leurs Congrès flétrir à l'envi la corruption du régime parlementaire.

XI

JUSTICE ET PRESSE

Nous croyons avoir suffisamment démontré quel non-sens constitue la méthode de législation directe de Rittinghausen.

Au fait, ce dont il faudrait s'étonner, c'est qu'elle fût possible : elle est en pleine contradiction avec la loi générale du développement social, qui entraîne avec lui un constant accroissement de la différenciation, c'est-à-dire de la division du travail.

Le besoin de tout faire par soi-même, et l'idée d'une compétence universelle, ont leur origine dans ces temps passés, où chaque famille produisait presque tout ce dont elle avait besoin. Et l'artisan indépendant lui-même a encore de multiples fonctions à remplir. Il n'est pas seulement un travailleur industriel, il achète aussi la matière première et la façonne chez lui; il porte ses produits au marché pour les y vendre; il tient ses livres, s'il en tient, etc., etc. Mais si l'entreprise doit se développer et s'agrandir, il est alors tout simplement impossible que le possesseur de l'exploitation fasse par lui-même tout ce que la direction de l'entreprise comporte. Il doit prendre des employés, comptables, ouvriers de fabrique, courtiers, voyageurs de commerce, etc., etc. Et tous ces gens n'ont pas le même intérêt que le sien, ils ne déploieront pas le même zèle que celui pour le compte duquel ils travaillent ; ils peuvent même le tromper, voire le ruiner par leurs négligences et leurs fraudes ; mais toutes ces considérations ont-elles jamais empêché un entrepreneur de faire passer son entreprise de la petite production à la grande, quand il était en état de le faire ? Le producteur particulier ne peut plus faire tout par lui-même, il doit déléguer à d'autres une partie des fonctions que lui-même jusqu'alors avait remplies : c'est une nécessité qui très souvent peut avoir des résultats fâcheux, mais qui est liée indissolublement à la transformation de la petite entreprise en grande industrie. On ne peut pas se procurer les avantages énormes de la grande entreprise sans en assumer aussi les pertes. Devrait-on pour cela renoncer à la grande production? Ou devrait-on tenter d'illusoires essais, pour trouver une forme de grande entreprise, dans laquelle chaque travailleur individuel pût remplir, d'une manière aussi indépendante que le producteur de la petite entreprise, toutes les fonctions qui incombent à celui-ci ? Assurément non. On conserve la division des fonctions et l'on s'efforce seulement de diminuer, autant que faire se peut, les inconvénients qu'elle entraîne.

L'entrepreneur cherche à se prémunir contre les fraudes et la négligence de ses employés et ouvriers en les choisissant avec soin, en les contrôlant de très près, autant qu'il est possible, en se réservant le droit de les renvoyer. Il y a encore d'autres moyens de surmonter les inconvénients de la division du travail, et le meilleur est d'intéresser individuellement le travailleur à la bonne marche de l'entreprise. Sous la forme capitaliste de la grande production, les entrepreneurs s'efforcent d'atteindre ce but par la participation aux bénéfices, mais il ne sera pleinement atteint que par la forme socialiste de la grande entreprise.

Ce que nous venons de dire des entreprises industrielles s'applique aussi à cette énorme entreprise sociale qu'est l'État. Un grand Etat est tout simplemeut impossible sans le transfert des différentes fonctions, qui auparavant revenaient à l'assemblée du peuple, à des fonctionnaires ou à des assemblées. Non seulement des considérations extérieures — la grande extension de l'État, le nombre de la population — en font une nécessité, mais ces fonctions sont devenues d'un ressort trop étendu pour que la masse du peuple ait le temps de les remplir d'une manière suffisante, à côté de ses travaux particuliers.

N'oublions pas que le fait se produisit déjà dans la période de la barbarie, alors que les devoirs de la législation étaient encore peu nombreux.

En apparence régnait la législation directe : ce n'était en réalité qu'une partie du peuple qui légiférait pour tout le peuple : chez les Germains, les hommes seuls étaient législateurs. A Rome et à Athènes, les citoyens de la cité ne légiféraient pas seulement pour les femmes, mais aussi pour les esclaves, pour les étrangers immigrants, pour les tributaires et les peuples conquis. Au moyen âge, le développement économiqne fit tomber entre les mains de la noblesse et surtout du clergé les fonctions législatives (autant qu'il peut en être question alors), et c'est dans des assemblées de nobles ou de cour, dans des synodes et des conciles que ces fonctions étaient remplies.

Nous avons vu aussi comment le développement social amena la séparation des fonctions du législateur et du juge. A l'origine, l'assemblée du peuple remplissait de front ces deux fonctions. Aujourd'hui, les partisans les plus enragés de la législation directe ne voudraient pas essayer à nouveau de faire rendre la justice par le peuple, c'est-à-dire par *tout le peuple*. Il est devenu nécessaire de confier la juridiction à des fonctionnaires particuliers. On ne peut pas donner à la justice cette forme démocratique, qui consisterait à convoquer les dix mille sections pour instruire et juger chaque procès ; on ne peut démocratiser la justice qu'en accordant au peuple le droit — droit que le capitaliste possède vis-à-vis de ses employés, — d'élection et de contrôle. Si le peuple a quelque prise sur la juridiction, c'est par une sorte de système représentatif, par l'institution des *jurés*. Encore ceux-ci n'accomplissent-ils *qu'une* des fonctions judiciaires. Ils affirment ou nient la culpabilité. La direction du procès, en général aussi la mesure de la peine, sont l'office du juge.

Non seulement les fonctions du législateur et du juge ont été transférées à des corps particuliers, mais aussi une fonction, dont on ne devait pas soupçonner qu'elle soit transmissible : *la formation et l'expression de l'opinion publique*, l'échange des idées sur les affaires publiques.

Lothar Bucher dit très finement : « L'échange des idées, naguère immédiat d'individu à individu, est maintenant dirigé par des délégués, par les journaux. Ce changement s'est produit parallèlement et par action réciproque, avec le développement du système représentatif, et ses effets se font voir d'une manière très sensible, étant mathématiques. Des milliers et des milliers de citoyens s'en tiennent à un journal, et le nombre infini de combinaisons possibles d'individus, de cercles petits ou grands, dans lesquels le savoir, l'observation et la pensée se rencontrent d'une manière si fructueuse, fait place à une douzaine d'oppositions ou de nuances entre publicistes. Le soin des affaires publiques du pays et de la commune « se médiatise » ; d'un devoir ou d'un honneur civique il se change en une branche d'affaires, en une entreprise », etc. (1).

Le rapprochement avec le système représentatif est très juste, mais la différence entre la presse et le Parlement, c'est que l'abonné a encore moins d'influence sur son journal que l'électeur sur le Parlement. L'électeur émet un vote libre entre les candidats ; les journalistes au contraire se reconnaissent eux-mêmes pour les défenseurs du public, ou sont reconnus comme tels par un capitaliste.

Le choix du journal assurément est laissé libre à chacun, mais le choix entre les journaux n'est pas très grand. Ce qui rend indispensable un journal pour le particulier, ce ne sont pas les idées qu'il défend, mais les nouvelles qu'il apporte. De même que le marché mondial gouverne aujourd'hui en dernière instance la vie sociale tout entière, c'est aussi le développement de l'univers entier que chacun doit suivre, aujourd'hui, s'il s'intéresse à la vie politique ou économique. Mais rassembler les nouvelles du monde entier est impossible pour un particulier. Les journaux sont les appareils qui rassemblent

(1) *Le parlementarisme*, p. 231 et suiv.

ces nouvelles et les transmettent au public. L'établissement et l'entretien de tels appareils est extraordinairement coûteux et deviendra de plus en plus coûteux avec le développement des relations internationales. Les grands quotidiens, aussi, sont nécessairement des *entreprises capitalistes*. Et le reste de la presse tombe de plus en plus sous le joug de l'exploitation capitaliste. Au lieu d'être la défenderesse des intérêts du public, la presse ne représente en réalité que les intérêts du capital.

Combien les lecteurs de journaux ont peu d'influence sur la presse, c'est ce qu'on voit, par exemple, à Vienne, où la majorité du public qui achète des journaux est antisémite. Et cependant les feuilles antisémites de Vienne ne font que végéter péniblement. Le philistin de Vienne flétrit avec fureur les « feuilles juives », mais il les achète et les lit toujours.

Irresponsable devant ses lecteurs, la presse est encore beaucoup plus corrompue que ne l'a jamais été le Parlementarisme dans ses formes les plus mauvaises. Elle règne sans limites, plus qu'aucun Parlement, elle se tient plus inaccessible à la critique que ne l'a jamais été un Parlement, une Eglise, un souverain. Tout tombe sous sa censure, et malheur à celui qu'elle attaque, il est excommunié, ou, comme l'on dit aujourd'hui, boycotté. De la critique, qui est exercée contre la presse, il ne perce jamais rien jusqu'au grand public, car ce que la presse ne communique pas, reste comme non avenu pour la masse du peuple, cela criât-il vengeance au ciel. La conjuration du silence donne plus sûrement la mort aux doctrines gênantes que les tortures de l'Inquisition. En fait, si l'on compare l'Eglise et la presse, on doit découvrir entre elles quelques ressemblances (1), mais le rapprochement n'est pas dans l'ensemble favorable à la presse. Les plus mauvais prêtres du moyen âge ne pouvaient pas conduire par le nez, exploiter, maintenir dans l'ignorance et démoraliser la foule crédule d'une manière plus éhontée que ne fait aujourd'hui le journalisme.

Doit-on pour cela demander la suppression de la presse ? Ou doit-on peut-être réclamer la rédaction directe des feuilles publiques par le peuple ? Ce vœu jusqu'ici n'a été émis que par quelques anarchistes ; avec l'énorme extension que le cercle de la vie politique et économique dans lequel nous vivons, a pris, il n'est pas concevable qu'on puisse se passer de journaux, et si l'existence des journaux est nécessaire, leur rédaction par des « spécialistes » ne l'est pas moins.

(1) La nouvelle Église paraît déjà avoir aussi sa nouvelle religion. Le « sur-homme » de Nietsche, qui plane au-dessus de la conscience vulgaire et par delà le bien et le mal, ce n'est pas autre chose que le journaliste : le journaliste fait fi de l'opinion publique qu'il façonne lui-même, et abusant de la foi naïve avec laquelle la foule accueille l'opinion publique et croit au bien et au mal, il la domine et l'exploite.

N'y a-t-il donc aucun moyen de briser la domination illimitée d'un journalisme corompu ?

Le développement du prolétariat apporte avec lui la solution de ce problème, comme de bien d'autres.

Les lecteurs et acheteurs des journaux bourgeois forment une masse sans cohésion. Il en va tout autrement avec la presse socialiste. Elle est souvent dans la dépendance de grandes organisations. Les travailleurs sont forcés, par les conditions sociales particulières dans lesquelles ils vivent, de se concentrer en grandes masses, et ce n'est pas seulement pour atteindre des buts éphémères. Ils forment la seule classe, dans l'Etat moderne, qui se soit constituée en une organisation permanente, nationale, et même internationale. Et par son organisation le prolétariat est mis en état de se créer une presse à lui. C'est dans son sein que se recrutent lecteurs et acheteurs, et par là sont rendus inutiles les frais énormes que la presse bourgeoise doit faire pour se conquérir une clientèle. Les journaux des travailleurs ne réclament que relativement peu de capitaux pour leur fondation ; sous certaines circonstances, quand les organisations ouvrières étaient particulièrement solides et vastes, on a réussi à fonder un journal quotidien et à le faire prospérer sans avoir des capitaux. Ainsi peut être brisé le monopole du capital sur la presse.

Mais cette même circonstance, qui rend possible la création d'une presse des travailleurs avec peu ou prou de capital, la met dans l'entière dépendance de ses lecteurs. Puisqu'elle ne tire pas sa force de son capital, mais des organisations ouvrières qui sont derrière elle, elle est en fait dans leur main, même là où juridiquement elle est propriété privée, même là où elle n'est pas la propriété d'une organisation syndicale ou politique. Qui rédige et dans quel sens le rédacteur rédige, ce ne sont pas pour un journal des travailleurs des questions privées n'intéressant que le possesseur ou l'éditeur du journal, mais ces questions sont tranchées en dernière instance par les travailleurs eux-mêmes. Le journaliste n'est pas ici celui qui fait l'opinion des cercles au nom desquels il parle, il ne fait qu'exprimer essentiellement ce qu'ils sentent en réalité.

Ce rapport du journaliste à ses lecteurs a toujours « heurté » les littérateurs bourgeois, toutes les fois qu'ils se sentirent attirés par la presse socialiste florissante, croyant trouver parmi les « travailleurs stupides » un public à qui l'on en peut imposer encore plus facilement et aux frais duquel l'on peut s'élever plus aisément encore, que dans la presse bourgeoise. Découvraient-ils leur erreur, alors ils criaient à l'oppression de la liberté personnelle, à la corruption, et finissaient, pour échapper à la tyrannie de parti et à la corruption de parti, par se vendre à un capitaliste.

Mais ce que les journalistes tiennent pour une

dégradation, parce qu'ils sont trop égoïstes et trop prétentieux pour entrer au service d'une cause, si belle et grande soit-elle, est en réalité une élévation. La presse socialiste se tient, au point de vue moral, bien au-dessus de la presse bourgeoise, elle l'emporte aussi sous le rapport intellectuel, sinon absolument, toujours du moins relativement, surtout si l'on considère les moyens qui sont à sa disposition. Il n'y a pas de presse que les classes dirigeantes achèteraient plus volontiers que la presse socialiste ; aucune n'est rédigée par d'aussi pauvres gens qu'elle : et pourtant elle est restée si pure, que les calomniateurs les plus grossiers du mouvement ouvrier n'ont jamais osé l'accuser de vénalité.

Sous l'influence du prolétariat, la presse acquiert un tout autre caractère. Elle n'est plus un moyen de faire de la masse du peuple un instrument servile pour les desseins économiques et politiques des capitalistes, en l'abrutissant et en la démoralisant, elle devient une arme tranchante dans le combat contre l'exploitation et la corruption, dans la lutte pour la renaissance intellectuelle, morale et physique des classes laborieuses.

N'en sera-t-il point de même avec le Parlementarisme ?

XII

LE PARLEMENTARISME ET LES PARTIS EN ANGLETERRE

C'est une idée très répandue, que le système parlementaire signifie nécessairement domination de la bourgeoisie.

« S'il est une vérité indiscutable, écrivait Rittinghausen en 1869, c'est celle que j'ai le premier exposée, il y a vingt ans, à savoir, qu'à toute organisation économique et sociale correspond une forme particulière de gouvernement, qui est pour cette organisation tout à la fois un moyen d'application et de conservation.

« La nobless eet la bourgeoisie étaient parvenues d'ailleurs, jusqu'à un certain degré, à la connaissance de cette vérité, mais seulement dans la mesure où elle touchait leurs propres intérêts. Ces deux ordres avaient conscience, le premier, que sa domination s'appuyait sur la *monarchie despotique*, le second, que la sienne ne pouvait s'installer et se maintenir que par ce qu'on appelle *le système représentatif*. Et cette conviction, toutefois, n'était pas affranchie de grossières erreurs ;

ainsi, par exemple, la bourgeoisie n'avait aucun soupçon que l'introduction du suffrage universel direct, tant redoutée par elle, ne pouvait rien changer d'essentiel au système représentatif (1). »

Nous regrettons de devoir combattre de la manière la plus décidée cette idée présentée ici comme la plus « indiscutable » de toutes les vérités.

Que le système représentatif soit lié indissolublement avec la domination de la bourgeoisie, c'est là un de ces mythes qu'un seul coup d'œil dans l'histoire suffit à détruire. Le système représentatif est une forme politique, dont le contenu peut être et a été bien différent. Il en va de même pour la monarchie despotique.

La domination de classe de la bourgeoisie, dans la plupart des Etats de l'Europe, ne fut pas introduite par le système représentatif, mais par l'absolutisme. Là où nous trouvons au XVIIIe siècle des monarchies limitées, le système représentatif était un moyen de domination pour la noblesse.

Ce n'est pas vrai seulement de la Pologne et de la Suède, mais, comme nous l'avons déjà vu, de l'Angleterre aussi.

Le Parlement anglais, on le sait, se compose de deux Chambres, la Chambre haute, Chambre des Lords, et la Chambre basse, Chambre des

(1) Rittinghausen, *Sur la nécessité de la législation directe par le peuple*, p. 1.

Commuues. La première, naturellement, a été et est restée une représentation de classe de la grande propriété foncière ; elle s'est toujours composée et se compose essentiellement des chefs des grandes familles nobles.

Mais quelles furent les causes qui firent de la Chambre des Communes au XVIIIe siècle un instrument de domination pour l'aristocratie foncière ? D'un côté l'importance sociale, que la grande propriété foncière en Angleterre avait su garder et même fortifier vis-à-vis des autres classes, et de l'autre, un mode de suffrage qui répondait aux intérêts de la noblesse.

La répartition des circonscriptions électorales, en Angleterre, se faisait et se fait encore aujourd'hui, d'après l'antique séparation féodale des comtés des circonscriptions rurales, d'avec les circonscriptions urbaines.

Dans les circonscriptions rurales dominait surtout la grande propriété ; les propriétaires fonciers (« freeholders ») qui possédaient une rente foncière supérieure à 40 schellings, avaient seuls le droit de vote. Plus la petite propriété disparut dans le courant du XVIIIe siècle, plus les circonscriptions rurales se trouvèrent dans la main de la grande propriété. Mais la situation était encore plus favorable pour elle dans la plupart des villes. Nous avons déjà montré que la tendance de la production capitaliste est de concentrer la population dans quelques grandes villes et d'arrêter dans leur développement les petites villes qui se trouvent en dehors des cercles d'échange et ne peuvent plus que végéter. C'est ce qui se produisit d'une manière particulièrement frappante en Angleterre. La plupart des villes florissantes — à l'exception de la Cité de Londres — étaient des créations modernes, et se trouvaient comprises dans les circonscriptions rurales où dominaient quelques grands propriétaires fonciers. Ces villes, au point de vue du vote, n'existaient tout simplement pas.

Dans les vieilles villes, l'électorat prenait des formes très diverses; chaque ville, à l'origine, avait elle-même déterminé son droit électoral. Plus elles tombèrent en décadence, plus toute vie les abandonna, et plus les systèmes électoraux, ossifiés, devinrent artificiels, et plus le cercle des électeurs se rétrécit chez elles à une petite clique.

Avant la réforme de 1832, on comptait 111 circonscriptions électorales urbaines avec moins de 200 électeurs, parmi lesquelles 46 avec moins de 50. Old Sarum n'avait que 12 électeurs ! Avec cela, le vote se faisait publiquement, à main levée. Rien d'étonnant, si la pression électorale et surtout la corruption fleurissaient ! La corruption était très facile auprès d'un nombre si minime d'électeurs — d'autant plus facile que ces petites villes en décadence offraient moins de ressources. La vente des suffrages fut pour beaucoup d'entre elles la plus abondante source de profits (1).

La corruption était officielle, ainsi que le reconnaît un rapport régulier et justifié de Pitt, qui en 1782 apporta au Parlement un projet de loi, d'après lequel 36 des bourgs les plus pourris devaient perdre leur droit de vote. Mais comme indemnité pour la perte d'un droit si bien acquis à la corruption, Pitt leur offrait la petite somme de 1 million de livres sterling ; sacrée est la propriété (2) !

On ne doit cependant pas croire que la corruption électorale soit particulière au Parlementarisme. Elle jouait un grand rôle par le choix des fonctionnaires dans les assemblées populaires — donc sous le régime de la législation directe, — à Athènes et à Rome. Et dans les communes des braves Suisses eux-mêmes, la corruption électorale n'était pas inconnue, comme le montrent les lois qui furent établies contre elle. Cette corruption se rencontre dans tous les cantons commandant à des pays-sujets, qu'ils exploitaient. La fonction du gouverneur en ces

(1) A la fin du XVIII. siècle, les frais d'achat des bourgs pourris furent évalués à 1.260.000 livres sterling. Pour ne pas avoir à se payer trop souvent un plaisir si coûteux, le Parlement avait déjà sous Georges Ier, étendu la période de législature de trois à sept ans. Cette durée de législature existe encore aujourd'hui.

(2) Gneist, *le Parlement anglais*, du IXe à la fin du XIXe siècle. Berlin, 1896, 2e édition, p. 356, 359.

pays était très lucrative, et les votes pour une telle charge s'achetaient par de grands festins ou directement en argent. Tant que des fonctions élues seront un moyen d'exploitation, la corruption électorale — ou tout au moins des tentatives de corruption — durera.

Mais ce système électoral ne suffisait pas encore à l'aristocratie. Pour assurer tout à fait sa situation, elle décida que le député d'une circonscription rurale devait posséder une rente foncière de 600 livres sterling. Même le député d'une ville devait être propriétaire foncier avec un revenu foncier d'au moins 300 livres sterling.

Grâce à ces lois électorales, l'aristocratie conservait la domination qu'elle avait conquise. Et le Parlement devint un instrument de domination de classe pour la grande propriété.

Mais les grands propriétaires fonciers eux-mêmes se partageaient en deux partis : d'un côté, les grands propriétaires modernes à l'esprit capitaliste, qui tiraient avantage du développement capitaliste, du mouvement du commerce grandissant, de la politique coloniale, du système de fermage capitaliste ; de l'autre, les grands propriétaires conservateurs, encore attachés de cœur aux méthodes d'exploitation féodales. Les premiers, les Whigs, avaient la bourgeoisie pour eux, ils étaient économiquement supérieurs aux autres classes et defendaient l'idée que la domination du Parlement sur les bases tout à l'heure indiquées était la forme la plus adéquate aux intérêts de la noblesse et à son hégémonie de classe. Les autres, au contraire, les Tories, économiquement en retard et faibles, trouvaient que le meilleur moyen pour l'aristocratie foncière de conquérir la prépondérance dans l'Etat, c'était, comme le faisait la noblesse française, d'exploiter la royauté. Si les Whigs étaient les défenseurs de la toute-puissance du Parlement, les Tories voulaient une royauté absolue.

D'ailleurs le caractère des Tories se transforma dans le cours du XVIIIe siècle. La domination du Parlement prit de si fortes racines qu'un homme d'Etat sérieux ne put désormais songer à vouloir la renverser. En même temps les familles tories commençaient à avoir tout autant d'intérêts capitalistes que les familles whigs. Les différences entre les deux partis allèrent chaque jour en s'effaçant, finalement elles ne furent pas plus grandes que les différences qui se manifestaient à l'intérieur de chacun des deux partis. Si néanmoins l'opposition entre Whigs et Tories continua, la seule raison en est que le « râtelier de l'Etat » était trop petit pour que les deux partis pussent en même temps en approcher.

Les luttes dans le Parlement perdirent par là de plus en plus le caractère de luttes de principes; elles devinrent chaque jour davantage de simples intrigues « d'arrivistes » qui se pressaient autour des fonctions et des dignités, pour avoir l'occasion, non pas de diriger l'Etat selon leur conception, mais de l'exploiter.

En même temps le corps électoral tombait au niveau d'une masse corruptible et corrompue ; les luttes politiques se transformèrent en spéculations commerciales, affaires de trafic d'une bande d'aventuriers sans caractère, qui mettaient l'Etat en coupes réglées.

Le parlementarisme anglais marchait, semblait-il, droit à sa banqueroute. Mais en réalité il apparut que le parlementarisme est une forme dont le contenu peut être très divers. Ce n'est pas le parlementarisme qui fit banqueroute, mais tout simplement la domination de la grande propriété par le parlementarisme.

Nous avons déjà, dans un chapitre précédent, montré comment, à la fin du XVIIIe siècle, à côté de l'aristocratie foncière et de l'aristocratie financière qui lui était liée, surgirent des classes nouvelles, pleines de force, dont les intérêts étaient en opposition aiguë avec ceux de la propriété foncière. Décisive surtout fut la formation d'une classe de capitalistes industriels et d'un prolétariat industriel. Commerce et propriété foncière avaient bien vécu ensemble, industrie et grande propriété se prirent aux cheveux.

Plus l'industrie se développait, plus la bourgeoisie ressentait cruellement son impuissance politique. Elle commença la guerre contre le régime de la grande propriété, et pour augmenter sa force, fit alliance avec les autres classes privées de droits politiques, petite bourgeoisie et prolétariat ; ce dernier prenait un grand accroissement, mais avait encore trop peu de conscience de classe, pour que les bourgeois vissent du danger à l'attirer dans les luttes politiques. Le produit de cette alliance fut un parti de bourgeois radicaux, résolument hostiles à la grande propriété foncière.

L'enjeu principal des batailles politiques qui se livrent maintenant, c'est le droit de vote. La forme du droit électoral avait été telle que l'aristocratie victorieuse avait fait du Parlement la représentation exclusive de ses intérêts de classe. Ce n'est que par une nouvelle forme du droit électoral que le système représentatif pouvait devenir un moyen de défense pour les intérêts de la bourgeoisie. Tout dépendait du droit de vote.

Dans cette lutte pour une nouvelle loi électorale, la bourgeoisie remporta la victoire. Le prolétariat lui avait tiré les marrons du feu, il avait supporté les frais de la lutte, il avait rendu irrésistible le mouvement réformiste, — en partie de la même manière et avec les mêmes moyens que plus récemment nos courageux camarades de Belgique, — mais il resta exclu du droit de suffrage.

Par la réforme de 1832, 88 bourgs pourris perdirent leur représentation au Parlement, totalement ou en partie (quelques-uns n'envoyèrent plus qu'un député au lieu de deux), 22 nouvelles circonscriptions électorales urbaines furent formées. Dans les circonscriptions rurales, à côté des propriétaires fonciers, les gros fermiers qui avaient des contrats pour au moins 20 ans et comptaient plus de 50 livres de rente, obtinrent le droit de vote. Par contre, on l'enleva aux petits propriétaires. Si tous les propriétaires qui tiraient de leurs terres 40 schellings (2 livres) de rente, avaient eu jusqu'alors le droit de suffrage (sauf rares exceptions), il ne resta plus qu'à ceux dont la rente foncière atteignait 10 livres. Dans les villes, obtenaient le droit de vote tous ceux qui habitaient une maison assez grande, indépendante, c'est-à-dire tous ceux qui payaient les impôts mobiliers, de portes et fenêtres, et des pauvres, comme au moins 10 livres de loyer.

Le nombre des électeurs monta par cette réforme de 400.000 à 800.000. Le vote resta public. Le cens d'éligibilité n'était pas aboli. Cela n'arriva qu'en 1858. L'indemnité parlementaire ne fut pas établie, et les frais électoraux durent — et le doivent encore aujourd'hui, — être couverts par les candidats, qui ont à déposer au préalable un cautionnement, lequel peut aller jusqu'à 1000 livres sterling.

Les circonscriptions rurales et une partie des petites circonscriptions urbaines, qui n'avaient nullement été toutes supprimées, restèrent avec ce système électoral, après comme avant, les domaines des grands propriétaires fonciers. Mais une partie des circonscriptions urbaines envoya des défenseurs des intérêts industriels au Parlement. Le nouveau régime électoral donna ainsi au Parlement un nouveau caractère. Instrument de domination pour l'aristocratie foncière, il devint le champ de bataille sur lequel la grande propriété et le capital industriel se livrèrent des combats acharnés.

La grande propriété était encore puissante, socialement, et le mode de suffrage la favorisait encore. La bourgeoisie industrielle ne peut de longtemps encore faire passer le libre échange, sa principale réclamation.

Mais elle ne se limita pas à la lutte parlementaire. Il n'y a rien de plus absurde que de prétendre, pour discréditer le parlementarisme auprès du prolétariat militant, qu'un parti qui se fait représenter au Parlement et prend part aux luttes parlementaires, renonce par cela même aux autres formes de la lutte politique. Rien de plus erroné. Nulle part les partis parlementaires n'en appellent plus souvent aux masses du dehors, que dans la patrie du parlementarisme, nulle part les moyens ne sont aussi développés, d'exercer une pression sur le Parlement et le gouvernement par de profondes agitations populaires, que précisément en Angleterre. Il n'y a pas longtemps que nous avons vu un ministre, hautement conservateur, prêcher la révolution, pour faire échec au *home rule*.

La ligue contre les droits sur les blés ne procéda pas autrement. Elle aussi se tourna vers les masses, elle provoqua les ouvriers à un soulèvement, même à une grève générale.

D'autre part, les grands propriétaires cherchèrent aussi à se concilier les travailleurs. Les fabricants leur promettaient du pain à bon marché, si les droits sur les blés tombaient : eux, ils offraient la loi de dix heures.

Mais ce que grands propriétaires comme fabricants refusaient avec une égale obstination, c'était le suffrage universel, que réclamaient avant tout les ouvriers organisés.

Les hommes d'Etat anglais connaissaient trop bien la puissance du Parlement pour en ouvrir sans nécessité la porte aux ennemis de la société capitaliste.

En 1846, enfin, le combat décisif eut lieu, les droits sur les blés tombèrent. L'ère du libre échange commença, et par un merveilleux concours de circonstances diverses, elle fut l'ère d'un essor économique, tel que le monde n'en avait pas encore vu de pareil. L'Angleterre devint la maîtresse du marché mondial. La grande industrie se développa avec une rapidité fabuleuse et ses profits furent splendides.

L'essor fut si gigantesque, que presque toutes les classes de la nation y prirent part. L'étranger paya les frais. Les propriétaires fonciers se réconcilièrent avec le nouvel état de choses. La rente foncière ne tomba point, comme ils l'avaient craint, au contraire elle monta. En même temps ils commencèrent à participer eux-mêmes aux entreprises — particulièrement dans les sociétés par actions — et par là furent intéressés à la prospérité de l'industrie.

Le même phénomène se produisit qui s'était déjà produit dans la seconde moitié du XVIIIe siècle. Comme alors l'opposition entre Whigs et Tories, l'opposition entre libéraux et conservateurs cessa d'être une opposition de principes. Nous voyons, dans les dizaines d'années qui suivirent 1848, ce merveilleux cas de ministères conservateurs appliquant le programme libéral de leurs adversaires et souvent les dépassant en libéralisme. L'unique différence essentielle entre les deux partis ne se trouvait plus dans leur politique intérieure, mais extérieure, particulièrement par rapport à la Russie. Si les deux partis restaient séparés, c'est surtout l'étroitesse du râtelier de l'Etat qu'il faut en rendre responsable : il était trop petit pour admettre tous ceux qui cherchaient à y atteindre par le Parlement. De nouveau la politique parlementaire perdit tout caractère de principe, de nouveau les luttes parlementaires ne furent que de pures comédies, jouées par des politiciens et des arrivistes.

La réforme électorale de 1867 ne changea pas grand'chose à cette situation.

L'essor économique n'avait pas seulement réconcilié les propriétaires fonciers, mais aussi une partie de la classe ouvrière avec le régime capitaliste. Cet essor avait permis à des catégories de travailleurs énergiques et que leur situation favorisait, d'obtenir d'importantes améliorations à leur sort au moyen de syndicats. Mais comme en même temps les profits avaient crû dans une proportion énorme, les capitalistes pardonnaient aux ouvriers leurs victoires. Il se forma une aristocratie ouvrière, qui crut à l'Evangile de l'harmonie du capital et du travail. Une seule chose détruisait encore cette harmonie, la privation de droits politiques des travailleurs.

Libéraux et conservateurs n'avaient plus à s'opposer trop à l'ascension de l'aristocratie ouvrière dans les rangs des classes politiquement privilégiées. C'était un moyen de la séparer de la masse prolétarienne. Aussi, après quelques tentatives malheureuses, les travailleurs les plus favorisés des villes obtinrent, en 1867, le droit de vote, par une loi qui faisait électeur chaque chef d'un ménage privé, dans les circonscriptions électorales urbaines. Le nombre des électeurs fut par là presque triplé. Il monta d'environ 1 million à 3 millions, dont la plus grande partie dans les villes. En 1872, suivit une loi qui établissait le vote secret.

Mais les députés continuèrent à ne point recevoir d'indemnité, et n'en reçoivent point encore aujourd'hui ; l'obligation subsista et subsiste encore, — obstacle plus grand encore, — pour les candidats, de payer les frais électoraux très élevés et de verser, en posant leur candidature, un cautionnement équivalent.

Cette obligation n'a pas empêché les travailleurs de pénétrer au Parlement. Mais ce furent ceux-là seulement qui purent jouir de la faveur de riches « amis des travailleurs », lesquels payaient pour eux les frais de l'élection. Grâce à ces « amis des ouvriers », l'esprit de sacrifice des travailleurs anglais, très développé dans les luttes syndicales, est, par rapport aux luttes politiques, très déprimé, et il faut le leur souffler de nouveau. C'est là un des obstacles à un mouvement ouvrier indépendant en Angleterre.

Les puissantes et florissantes Trades Unions étaient devenues les foyers d'un étroit esprit de caste et d'exclusivisme corporatif et avaient eu pour effet d'affaiblir, parmi l'aristocratie ouvrière, la conscience générale de classe. Sa séparation politique de la masse de la population ouvrière, son admission parmi les classes politiquement privilégiées détruisaient complètement en elle la conscience de classe. Au lieu d'être les combattants d'avant-garde des masses ouvrières plus profondes, ces « ouvriers aristocrates » en devinrent les oppresseurs.

Sans conscience de classe, sans adhésion à une organisation politique indépendante et fermée, à un parti ouvrier, ces corporations ouvrières si puissantes et si vastes au point de vue économique, formèrent une masse incohérente au point de vue politique, tout comme les classes moyennes de la bourgeoisie. Leur entrée au Parlement ne changea pas le caractère du parlementarisme. Il resta une représentation de classe de la bourgeoisie.

Mais cette tranquille vie parlementaire ne devait pas durer longtemps. Le développement économique, en progressant, ébranla les fondements de l'harmonie générale entre le profit, la rente et le salaire. A côté de l'Angleterre grandirent peu à peu d'autres nations industrielles, qui furent en état de lui disputer la suprématie sur le marché du monde, en particulier les Etats-Unis après la guerre de Sécession et l'Allemagne après la guerre de 1870. La concurrence mondiale devint de plus en plus aiguë ; à cela s'ajoutèrent des crises dévastatrices, des arrêts dans les affaires, d'une extension et d'une durée encore inconnues jusque-là. Les profits capitalistes commencèrent à être plus maigres.

En même temps baissaient aussi rentes et salaires. Le développement de l'échange transmaritime apportait sur le marché anglais, depuis 1870, en des quantités toujours plus grandes, des produits alimentaires à bon marché. Ce que les propriétaires fonciers avaient attendu comme une conséquence de l'abolition des droits sur les blés après 1850, se produisit à partir de 1870 : un constant rétrécissement de la rente, que produisait le travail agricole. A partir de ce moment, on commence dans les cercles ruraux à désirer vivement des droits de douane.

Mais ce ne furent pas seulement les rentes qui baissèrent. Les longues stagnations des affaires firent aussi tomber les salaires. Même là où elles ne produisirent pas directement des abaissements de salaires, le salaire annuel de la masse décrut en réalité, puisque le travail fut irrégulier et que le nombre de jours de l'année où l'ouvrier devait en moyenne chômer allait croissant. Les Trades Unions, qui depuis 1850 jusqu'à 1873 avaient remporté des victoires éclatantes, connurent désormais la limite de leur influence et se virent souvent hors d'état d'empêcher la baisse des salaires et de protéger d'une manière suffisante les sans-travail. Les conflits entre le capital et le travail devinrent chaque jour plus fréquents, plus acharnés. Dans les vieilles associations corporatives commença çà et là à souffler un esprit nouveau, anticapitaliste, et à côté d'elles à grandir un mouvement ouvrier nouveau, animé d'aspirations politiques et sociales nouvelles.

Les circonstances ayant ainsi changé, la bourgeoisie se divisa en deux camps. Le premier tint le prolétariat pour l'ennemi dangereux, et par crainte du socialisme se resserra autour des propriétaires fonciers plus solidement que jamais. Leurs tendances protectionnistes n'étaient pas à craindre. Les esprits les plus pénétrants, dans l'aristocratie foncière anglaise, savent trop bien que l'existence de l'Angleterre est avant tout liée à son industrie, non à son agriculture. Et en général les grands propriétaires fonciers sont aussi personnellement intéressés au développement de l'industrie, c'est-à-dire au profit capitaliste. Le parti conservateur, qui entre 1830 et 1840 était encore un parti de purs propriétaires fonciers, et qui se servait des travailleurs contre les fabricants, était devenu vers 1860 un des deux partis capitalistes qui, tout comme son rival, le parti libéral, flirtait avec l'aristocratie ouvrière : il y a quelque vingt ans, il devint de plus en plus le parti des possédants, en général, s'opposant à la classe ouvrière. Il permet bien, çà et là, à quelques-uns de ses membres de faire de la philanthropie ouvrière démagogique, mais il s'oppose résolument à toute réforme pratique qui serait dans l'intérêt du prolétariat.

Une autre partie de la bourgeoisie, particulièrement celle qui a conservé les traditions de radicalisme du temps de la lutte pour la première réforme électorale, quand la grande propriété était l'ennemie principale de la bourgeoisie, et que capitalistes, petits bourgeois et ouvriers avaient dû former contre elle une solide alliance,

— cette partie de la bourgeoisie, elle aussi, comme l'autre qui est devenue « conservatrice », commence à craindre les travailleurs. Mais ces bourgeois, les « radicaux », se disent que la fusion des classes possédantes en une seule « masse réactionnaire » ne serait pas le meilleur moyen de conjurer la fatalité que l'on voudrait détourner. Le prolétariat serait par là formellement obligé de se détacher des classes possédantes et de constituer un parti distinct, en opposition avec elles et qui serait bientôt invincible. L'unique moyen de conserver le prolétariat au service des intérêts de la bourgeoisie, c'est pour la bourgeoisie de se mettre elle-même à la tête du mouvement réformiste et de faire des concessions, dont les propriétaires fonciers supporteront avant tout les frais, étant la classe en opposition de laquelle capitalistes et ouvriers ont des intérêts communs. Ce que les conservateurs avaient été entre 1830 et 1840, le parti libéral l'est maintenant devenu : le parti des amis des ouvriers et des philanthropes. Les rôles sont renversés.

Ainsi se forment, sous l'influence du développement économique, dans le sein et sous le nom des anciens partis, deux nouveaux partis. Le Parlement cesse de nouveau d'être simplement une scène pour les intrigues des arrivistes et des comédiens, il recommence à être le théâtre de luttes sérieuses, le théâtre de luttes de classes, de luttes entre des partis que séparent des divergences fondamentales.

Le premier résultat important de ce développement des partis fut la réforme électorale de 1885.

Pour briser l'influence des propriétaires fonciers dans les circonscriptions électorales de la campagne, le parti libéral accorda le droit de vote, par cette réforme, aux travailleurs des champs. Le droit de vote par ménage, qui jusqu'alors n'avait valu que pour les circonscriptions urbaines, fut étendu aux circonscriptions rurales, aux comtés. Le parti libéral espérait encore par là consolider pour longtemps sa domination. Mais il avait compté sans son hôte. Son calcul n'eût été juste que si son crédit était resté égal dans la bourgeoisie. Mais il ne pouvait faire de concession à la classe ouvrière sans éloigner de lui beaucoup d'éléments bourgeois. Et la bourgeoisie cessant de lui être attachée, il fut plus dépendant encore des travailleurs. Il dut leur concéder de nouveaux droits politiques pour accroître la puissance de son crédit auprès d'eux; il dut aussi leur faire des concessions économiques.

Si les conservateurs sont devenus le parti des classes possédantes, les libéraux sont poussés à un point où finalement leur seul appui se trouvera parmi les ouvriers.

Mais la philanthropie ouvrière de la bourgeoisie anglaise ne peut plus se limiter à ce programme : réforme sociale aux frais de la grande propriété. Le développement économique a remué les masses des catégories de prolétaires qui se trouvaient en dessous de l'aristocratie ouvrière, la réforme électorale de 1885 a concédé le droit de vote à une grande partie d'entre eux. Ils deviennent un facteur politique. Ces catégories ne sont pas encore pleinement imbues de radicalisme bourgeois ; leur position sociale et la situation historique les rendent plus accessibles au socialisme moderne que l'aristocratie ouvrière, qui maintenant d'ailleurs, à mesure qu'elle s'émiette, perd sa répulsion pour le socialisme.

Ces groupes se tiennent dans une attitude hostile vis-à-vis de toute la société capitaliste. Et ils réclament une amélioration directe de leur sort, une amélioration directe des conditions du travail. Il y a quelque 20 ans, les travailleurs anglais poursuivaient encore leurs revendications sur le terrain réformiste. Henry George était le héros du jour. Puis, la journée de huit heures est devenue le mot d'ordre, et la masse du parti libéral, qui récemment encore combattait avec acharnement cette revendication, se voyait obligée de cesser sa résistance. En fait, le parti libéral est déjà prisonnier du prolétariat; l'importance économique de celui-ci et la puissance politique, que le droit de vote lui donne, sont grandes. Les libéraux se voient aujourd'hui avec douleur forcés de faire des promesses aux ouvriers, non plus seulement aux frais de la grande propriété, mais encore à ceux des industriels capitalistes.

Où ce développement conduira et doit conduire, c'est clair : le parti libéral sera amené avant peu à un point, où il devra décider s'il reste un parti bourgeois ou s'il veut devenir un parti ouvrier distinct. S'il opte pour la première alternative, il rompt avec les travailleurs, il sonne lui-même l'heure de sa chute, car son crédit dans les cercles bourgeois disparaît rapidement, et se trouve trop mince pour le soutenir et le faire vivre. Derrière lui s'élève un parti ouvrier indépendant, qui profite de toute temporisation, de toute résistance du parti libéral vis-à-vis du prolétariat et le supplante, au moment où il voudrait crier : jusque-là, mais pas plus loin.

Si les libéraux n'ont point par contre le courage de rompre, s'ils se laissent pousser toujours plus loin dans la voie des concessions aux ouvriers, il est possible alors qu'ils empêchent la formation d'un parti social démocratique. Mais cela ne pourrait arriver que si le parti libéral lui-même évoluait vers la Social-Démocratie : tous les éléments qui ont intérêt à l'exploitation capitaliste se sépareraient de lui, et il ne resterait avec lui d'éléments bourgeois que les transfuges de la bourgeoisie qui auraient rompu avec la Société capitaliste.

Il n'est pas vraisemblable que le développement des partis en Angleterre prenne cette voie, malgré l'attachement des Anglais aux vieilles formes, et l'amour qu'ils ont de boire du nouveau vin dans de vieilles outres.

Au reste, qu'il en soit ce qu'on voudra. Il s'agit ici simplement de montrer, en suivant pas à pas le développement des partis en Angleterre, combien il est inexact d'affirmer que le Parlementarisme serve exclusivement à la classe capitaliste. Nous avons vu que, selon l'ampleur du développement économique et selon le mode de suffrage, le système représentatif sert les intérêts de classe les plus divers et a reçu les caractères les plus différents.

Après avoir été pendant un demi-siècle l'instrument de dictature de l'aristocratie, la Chambre des Communes fut pendant l'autre moitié du siècle l'instrument de dictature de la bourgeoisie industrielle. Mais déjà celle-ci a perdu son hégémonie ; déjà le prolétariat est en état d'agir dans le Parlement sur la politique intérieure, et c'est à pas de géant que le jour approche où le tout-puissant Parlement anglais sera un instrument de dictature entre les mains du Prolétariat.

XIII

LE PARLEMENTARISME ET LA CLASSE DES TRAVAILLEURS.

Si nous soutenons qu'il y ait parlementarisme et parlementarisme, que la forme parlementaire soit une arme qui puisse servir et ait servi aux classes et aux partis les plus différents, nous ne voulons pas pour cela prétendre que l'existence du parlementarisme ne favorise pas dans le peuple certains groupes au détriment de certains autres.

Nous avons vu qu'un Parlement a des fonctions à remplir qui ne sont pas toutes simples. Comme chaque fonction dans la division actuelle du travail, celle du parlementaire réclame des connaissances et des qualités spéciales ; elle réclame l'habitude de la parole, un horizon intellectuel assez étendu pour comprendre des questions d'une signification générale, nationale et internationale ; elle réclame enfin un certain degré de culture juridique, économique et historique, — au moins pour tous les députés qui veulent ou peuvent être autre chose qu'un simple « bétail à voter ».

En conséquence, les parlementaires se recrutent surtout au sein de ces classes dont l'activité professionnelle comporte par elle-même l'acquisition des qualités ci-dessus indiquées, comme les avocats, professeurs, journalistes, fonctionnaires, etc., ou de ces classes qui ont assez de loisir pour que leurs membres, s'ils le veulent, puissent s'approprier les connaissances et aptitudes nécessaires au député, gros capitalistes, gros propriétaires fonciers, et autres semblables. Et l'idée, que le parlementarisme est surtout une représentation de la bourgeoisie, ce mot étant pris dans le sens le plus large, reçoit dans cette mesure une certaine justification.

Elle recevait du moins cette justification au temps où Rittinghausen concevait son projet de législation directe. Elle ne la comporte plus aujourd'hui. Car entre ce moment-là et aujourd'hui se place une période d'essor puissant pour le prolétariat.

A l'origine, de même que les petits bourgeois et les petits paysans, les prolétaires manquaient de toutes les aptitudes que présuppose le parlementarisme. Mais cela a changé dans le cours du mouvement prolétarien.

Nous avons vu comment les villages et les petites villes étaient économiquement isolés les uns des autres. C'étaient des unités « en soi ». Cet isolement dure encore en grande partie. Le développement de la production capitaliste et de l'Etat capitaliste, particulièrement le militarisme, les impôts publics, les chemins de fer et les journaux, ont bien éveillé dans la campagne et les petites villes une conscience nationale et de l'intérêt pour les affaires de l'Etat, mais pourtant les questions locales dominent encore dans la vie publique des villages et des petites villes; c'est seulement en des circonstances particulièrement importantes, élections générales, déclaration de guerre, etc., que se développe une vie politique plus mouvementée, un enrôlement dans des partis, une adhésion à l'un ou l'autre des grands partis politiques. Mais, en dehors de ces moments, il est rare qu'on y participe d'une façon durable et efficace à la vie politique; pas d'activité constante en des organisations permanentes: dans les temps tranquilles, au village ou à la petite ville, la politique se borne à des parlottes de cabaret.

Avec les petits bourgeois des grandes villes, il en va tout autrement. Ils se trouvent en plein courant des grandes luttes politiques, ne peuvent se soustraire à leur action et sont entraînés à une participation constante à la vie publique. D'ailleurs eux aussi adhèrent difficilement à des organisations politiques permanentes. Car ils sont aussi isolés les uns des autres, économiquement. Chacun travaille pour lui seul dans une entreprise privée. Et ils ne travaillent pas seulement isolément, mais aussi les uns contre les autres ; la concurrence force chacun d'eux à réussir aux dépens de ses voisins.

Et partout, à la ville et aux champs, il existe entre les petits propriétaires des degrés infinis de propriété et de revenus ; le plus favorisé regarde avec mépris celui qui se trouve au-dessous de lui, et celui-ci regarde son voisin plus riche avec envie. Toutes ces circonstances sont défavorables à une concentration de l'ensemble des petits bourgeois et des petits paysans en de grandes organisations distinctes : les difficultés en sont presque insurmontables. Ces classes s'élèvent rarement au-dessus de petites réunions corporatives ou locales en vue de buts éphémères.

L'industrie, au contraire, agglomère les ouvriers par milliers et milliers dans un petit nombre de centres, où ils travaillent les uns à côté des autres et dans les mêmes conditions. La plupart d'entre eux ne peuvent pas améliorer leur situation aux dépens de leurs camarades, mais au contraire ils ne le peuvent qu'en s'unissant entre eux. Si les conditions dans lesquelles travaillent paysans et artisans s'opposent à leur organisation, les conditions dans lesquelles travaillent les ouvriers les poussent au contraire à se réunir en grandes masses. D'où l'opposition, sur laquelle nous avons souvent appelé l'attention dans le cours de ce travail, entre la dispersion incohérente des paysans et des petits bourgeois, et l'organisation solide, le sentiment de solidarité et de discipline qui distinguent les travailleurs.

L'activité, dans ces organisations, produit nécessairement ces aptitudes dont les parlementaires ont précisément besoin : habitude de la parole, largeur de vue, intelligence des questions d'organisation et d'administration, culture juridique. Cette dernière qualité, les ouvriers qui agissent au sein des organisations la doivent aux autorités qui partout envisagent avec hostilité les associations de travailleurs et partout mettent tout en usage, conformément ou non au texte de la loi, pour entraver et opprimer les organisations ouvrières. Et comme il apparaît très clairement aux ouvriers qu'il ne s'agit pas seulement dans une loi du principe, mais aussi de son texte, ils apprennent à connaître toutes les finesses et roueries de la casuistique juridique, ils sont forcés d'étudier les lois et leur esprit, pour mettre en valeur le peu de droits qu'elles leur accordent, comme aussi pour dénoncer toutes les illégalités qu'on veut commettre contre eux. La situation de classe du prolétariat ne lui permet pas seulement d'acquérir des aptitudes parlementaires, mais aussi une culture politique générale, plus facilement que le petit bourgeois et surtout que le petit paysan. Celui-ci est attaché à la glèbe, il ne connaît du monde que son entourage immédiat. L'ouvrier est détaché de la glèbe, il voyage, il apprend à connaître des pays étrangers, et même, s'il reste au pays natal, il travaille avec des étrangers. Voilà déjà qui élargit son regard, qui l'affranchit de nombreux préjugés et qui lui apporte des connaissances précieuses. Voici une circonstance encore plus importante : l'artisan comme le paysan est non seulement un travailleur, mais aussi un commerçant ; après son travail, il n'est pas encore un homme libre ; ses affaires le tiennent encore fortement, et le peu d'énergie qui lui reste après son travail, il doit l'appliquer maintenant à des calculs et des supputations qui lui donnent du tracas, et cela d'autant plus que les affaires vont plus mal.

L'ouvrier — au moins l'homme — est, le travail fait, un homme libre, ses pensées sont au monde entier. Et mieux il connaît la solidarité qui le lie à ses compagnons, mieux il voit qu'il ne peut en tant qu'individu améliorer sa situation, et plus facilement il s'intéresse à des questions qui concernent sa classe tout entière et sa position dans la société.

C'est un fait qui est reconnu même par les écrivains bourgeois, que la culture politique générale et surtout économique est beaucoup plus répandue dans les cercles ouvriers que non seulement dans les cercles petits bourgeois et paysans, mais aussi que parmi la bourgeoisie.

Aussi le mouvement prolétarien forme des orateurs et des politiques qui sont parfaitement en état de tenir tête aux parlementaires bourgeois, et de faire valoir non seulement les intérêts particuliers des travailleurs, mais aussi les intérêts généraux du développement social tout entier. Le prolétariat militant devient une de ces classes où se recrutent les parlementaires. Là où existe un mouvement ouvrier avancé, la participation active au travail parlementaire cesse — avec le suffrage universel — d'être le monopole des classes possédantes.

Mais le prolétariat militant ne produit pas seulement des parlementaires, il sait aussi les maintenir sous son contrôle. Et voilà qui est encore plus important. Rien de plus erroné, que l'idée qu'au Parlement les intérêts de classe déterminés ne sauraient être défendus que par des membres de ces classes et qu'une classe sera sûre de n'être pas trahie au Parlement si elle n'y envoie que ses propres membres; bien des hommes politiques issus de la bourgeoisie comptent parmi les meilleurs défenseurs de la classe ouvrière, et bien des ouvriers ont trahi leur classe. Une classe ne peut être sûre que ses intérêts seront toujours défendus dans le Parlement par ses représentants avec énergie et esprit de suite, que si non contente de les envoyer au Parlement, elle surveille et influence constamment leur activité parlementaire.

Les petits bourgeois et petits paysans, dispersés comme ils le sont, sont hors d'état d'exercer cette surveillance : là où ils forment le gros des électeurs, ils sont le plus souvent trompés, et cela d'autant plus que le Parlement est plus puissant.

L'Etat actuel, en dépit de tous les avocats du laisser-faire, est une énorme entreprise économique ; son influence sur toute la vie économique de la nation est aujourd'hui déjà incommensurable. Dans un Etat centralisé, soumis à un régime parlementaire, toute cette puissance économique, la solution non seulement des affaires de classes, mais aussi directement de milliers et de milliers d'affaires privées, tombent en grande partie entre les mains des députés. A quelles tentations ils sont soumis et combien peu se trouvent en état d'y résister dans une société, où le « enrichissez-vous » est le mot d'ordre universel, et où la richesse fait oublier toutes les infamies, c'est ce qui n'est pas difficile à comprendre (1).

Mais même quand cette conception personnelle

(1) Les adversaires absolus du Parlementarisme s'appuient volontiers sur cette corruption qu'il apporte avec lui. Ils oublient qu'en écartant le Parlementarisme on n'écarte pas pour cela l'action corruptrice du capitalisme sur l'Etat. Le centre de la corruption ne serait que transporté du Parlement à la bureaucratie, et elle s'y donnerait encore mieux à cœur joie, assurée qu'elle y serait contre les révélations de bien autre sorte que dans le Parlement, — aussi longtemps que tout le système social n'éclaterait pas. Qu'on voie la Russie et la Turquie.

n'entrait pas en jeu, en général paysans et petits bourgeois furent jusqu'ici trompés par leurs représentants au Parlement. Car hors d'état de constituer de solides partis distincts, ces classes jusqu'ici se sont toujours mises à la remorque d'une fraction quelconque des classes dirigeantes, capitalistes ou propriétaires fonciers. Elles ne lui empruntaient pas seulement ses défenseurs, mais elles faisaient à ceux-ci un devoir de défendre à la fois les intérêts des petits comme des gros propriétaires. Cela naturellement était impossible, et les députés issus des classes riches et subissant leur influence constamment, devant l'opposition des intérêts, décidaient naturellement pour elles.

Enfin il faut encore considérer que la classe paysanne et la petite bourgeoisie sont des classes en décadence, dont les intérêts de classe se trouvent souvent en antagonisme avec le développement social général. Et précisément en parlant du point de vue des classes possédantes, les paysans et les petits bourgeois devaient arriver dans beaucoup de cas à des revendications qui se montraient irréalisables.

Les députés qui se tiennent au point de vue des possédants et qu'élisent pour représentants de leurs intérêts de classe les paysans et les petits bourgeois, doivent presque toujours tromper leurs électeurs, même lorsqu'il leur arrive de conserver leur honneur personnel et de rester fidèles à leurs principes politiques.

Ce qui arrive aux petits bourgeois et aux paysans, se produit aussi pour les travailleurs, partout où ils ne se sont pas encore constitués en un parti politique distinct.

Mais la lutte des classes conduit partout tôt ou tard à la formation d'un tel parti. De même que par leurs conditions de vie les ouvriers sont forcés de se réunir en de puissantes organisations économiques pour chaque métier, de même ils sont obligés finalement de dépasser les bornes corporatives et de fonder une organisation politique qui doit embrasser la classe entière dans tout l'Etat. Et si la formation d'un parti ouvrier indépendant est le résultat nécessaire des circonstances, nécessaire aussi est sa pénétration par l'esprit révolutionnaire — là où il ne revêt pas ce caractère dès le début — et sa transformation en Social-Démocratie.

Cette cohésion, cette discipline, cette « tyrannie » qui distinguent les organisations économiques ouvrières, sont aussi particulières aux partis ouvriers. Et cette discipline ne vaut pas seulement pour la masse, elle vaut aussi pour ceux qui la défendent vis-à-vis du public, pour ses conducteurs. Aucun d'eux ne peut, en quelque situation qu'il soit, entreprendre une action politique contre la volonté, ou seulement sans l'assentiment de ses camarades. Le député social-démocrate, comme tel, n'est pas un homme libre, — si durement que cela puisse sonner, — mais le simple mandaté de son parti. Si ses idées viennent à contredire celles du Parti, il doit cesser d'être son représentant.

Rittinghausen et Lothar Bucher se plaignaient tous deux que le parlementaire d'aujourd'hui ne soit plus le mandataire de ses électeurs, dans le sens où le membre des Etats généraux l'était au sortir de moyen âge. Ressusciter les députés liés comme autrefois à leur ville ou à leur corporation est impossible. Ce serait en contradiction avec l'existence de l'Etat moderne, qui par là se résoudrait en une simple fédération de petites communes souveraines (circonscriptions électorales).

Le parlementaire d'aujourd'hui est mandaté dans un autre sens : il n'est pas le mandaté de son comité électoral, mais, sinon formellement, du moins en fait, le mandaté de son parti. Pourtant cela n'est vrai d'aucun parti autant que de la Social-Démocratie. Et tandis que la discipline de parti chez les autres partis est en réalité la discipline de petites coteries, que domine la masse incohérente des électeurs, elle est dans la Social-Démocratie la discipline d'une organisation qui embrasse tout l'ensemble du prolétariat conscient et militant, et qui s'étend chaque jour davantage sur la masse des classes laborieuses.

Ainsi le député socialiste redevient ce que fut le député élu des Etats il y a quelques siècles, un mandataire du peuple ; non le mandataire d'une petite commune, mais le mandataire d'un Parti qui s'étend sur le domaine de l'Etat entier, qui s'efforce de comprendre en son sein la totalité des travailleurs. Là où le prolétariat s'organise en un parti distinct, conscient de lui-même, et comme tel prend part à la lutte dans le Parlement, il cesse d'être de ces classes qui peuvent s'attendre à être trompées et trahies dans toutes les occasions importantes par leurs représentants parlementaires. Comme dans la presse, la corruption au Parlement rencontre une digue solide dans l'organisation et la discipline du prolétariat militant. Il n'y a aucun parti qui tienne ses élus autant dans sa main, et qui puisse compter aussi sûrement sur eux, que le parti socialiste.

Mais, réplique l'adversaire du parlementarisme, tout cela peut être exact. En un point cependant le prolétariat sera toujours en état d'infériorité vis-à-vis des classes possédantes : par suite de sa dépendance économique, dans la société actuelle, il ne pourra jamais arriver à choisir avec une entière liberté ses députés. Des milliers et des milliers, à chaque élection, par les moyens les plus divers, pressions, corruption, intimidation, contrainte directe, etc., sont forcés non seulement de refuser leurs voix aux meilleurs défenseurs de leurs intérêts, mais de les donner à leurs adversaires sous la domination du capitalisme ; donc c'est un non-sens que, d'attendre des effets quelque peu importants d'une participation du prolétariat aux élections parlementaires (1).

Naturellement notre intention n'est pas de contester que la dépendance économique des ouvriers ne soit un sérieux obstacle dans les luttes électorales et qu'elle les empêche de développer leur force entière. Mais nous contestons de la manière la plus décidée que ce désavantage soit inhérent aux seules luttes électorales. Quel que soit le chemin où le prolétariat s'engage pour améliorer son sort et parvenir à une plus grande puissance dans la société, le capital et l'Etat se mettront en travers et emploieront toutes les ressources de leur pouvoir pour entraver sa marche en avant.

(1) Plus longtemps le Parlementarisme durera dans un pays, pensait Rittinghausen en 1869, et plus il apportera « de découragement croissant et de circonspection calculatrice dans les rangs des démocrates ». « Sous la domination de n'importe quelle loi électorale, chaque nouvelle assemblée législative ne peut être que plus mauvaise encore que la précédente. » Chaque travailleur sait que son vote pour tel ou tel candidat, que même le choix de ce candidat peut à peine influencer la force du parti démocratique dans l'assemblée ; mais que les désavantages qui — grâce à la police de l'Etat ou à celle de ses patrons ou de l'Eglise — peuvent résulter pour lui-même de son vote, ne sauraient être balancés par l'avantage que son parti peut recueillir d'un bon choix. Il s'abstient en fin de compte de voter, surtout dans les petites villes où l'autorité surveille tout le monde étroitement, connaît chaque électeur et sait l'avoir dans la main. (*Les fondements chancelants du système représentatif*, p. 23.)

Les partisans de Rittinghausen croient-ils que le rôle du peuple sur un projet de loi serait moins influencé que le choix des députés? Ou, pour considérer un aspect de l'action prolétarienne tout à fait étranger à la politique, que le mouvement syndical ne soit arrêté et entravé dans son devenir à chaque tournant de route par des mesures vexatoires, des machinations sombres, etc. ?

Si donc le reproche adressé au Parlementarisme était justifié, ce serait la condamnation à mort de tout le mouvement prolétarien en général — ou au moins de toutes ses formes efficaces.

Mais on ne peut pas soutenir qu'aux élections les ouvriers soient soumis à une pression plus grande que dans les autres manifestations de la lutte des classes. Au contraire. Au moins pour l'acte le plus décisif de la lutte électorale, pour le vote, on peut empêcher la pression d'une manière pour ainsi dire absolue par le vote secret qui dans presque tous les pays parlementaires, pour ne pas dire dans tous, existe sous une forme pleinement efficace. Le vote secret rend l'ouvrier plus indépendant dans les élections que dans aucune autre forme de la lutte des classes. Même en Allemagne, où les moyens de garantie pour assurer le secret du vote sont bien moins sûrs que par exemple en Angleterre, beaucoup sont en état de voter pour un socialiste, alors qu'ils n'oseraient pas faire partie d'un syndicat ou seulement lire un journal socialiste (1).

Bref, de quelque côté que nous envisagions le système représentatif, nous ne saurions admettre qu'il porte préjudice au prolétariat et que celui-ci aurait raison de s'écarter du Parlement; celui-ci est le cœur de notre vie politique et doit l'être nécessairement dans la société actuelle.

La bourgeoisie elle-même ne dirait plus avec Rittinghausen et ses partisans que le système représentatif en soi, dans toutes ses formes, même la forme démocratique, lui assure la domination.

Au temps où Rittinghausen concevait son idée de la législation directe, et même plus tard, quand Bismark se rallia au suffrage universel (pour fonder la fédération de l'Allemagne du Nord, en 1867), elle pouvait encore le considérer comme inoffensif.

Un seul grand Etat européen avait fait l'expérience du suffrage universel, c'était la France, et cette expérience était singulièrement rassu-

(1) Une preuve de l'inintelligence avec laquelle Bucher considère le côté prolétarien du Parlementarisme, c'est le peu de cas qu'il fait du vote secret. « Les électeurs, qui ne veulent voter qu'en secret pour leurs candidats, lui font savoir par là que s'ils l'envoient au combat, ils ne peuvent l'y soutenir. » (*Le Parlementarisme*, p. 110.) Il oublie que les prolétaires, isolés, ne sont rien ; unis, ils sont tout. Aux urnes, le prolétaire vote en tant qu'individu, mais derrière les représentants du prolétariat au Parlement se tient non une masse d'individus sans liens, mais une masse compacte, bien organisée.

rante. Ce qui se comprend facilement, si l'on songe que les électeurs français étaient alors en grande majorité composés de paysans. Les ouvriers étaient dispersés, abattus et démoralisés pour longtemps par les journées de Juin. Une partie d'entre eux méprisait le suffrage universel, parce qu'elle croyait, prisonnière des traditions jacobines, parvenir plus facilement à la conquête des pouvoirs publics par des émeutes de rue que par le bulletin de vote, et parce qu'elle pensait que l'emploi du suffrage universel l'éloignait de cette conquête et lui faisait tort; une autre partie rejetait en bloc toute action politique, et voulait par des moyens exclusivement économiques tirer la vieille société hors de ses gonds. Ceux des ouvriers enfin qui restaient fermement attachés au suffrage universel, se mettaient en grande partie à la remorque de la démocratie bourgeoise. Un parti ouvrier distinct, qui se fût servi du droit de suffrage consciemment et méthodiquement comme d'une arme dans le combat d'émancipation du Prolétariat, n'existait pas en France, et le suffrage universel ne pouvait pas en conséquence développer son action révolutionnaire en se servant du Parlementarisme.

Le semblant de parlementarisme sous Napoléon III n'était pas fait pour intéresser non plus les travailleurs. En face des corps législatifs de l'Empire français, surtout au début, les droits du Reichstag allemand paraissent respectables.

Les expériences que le second empire français faisait du suffrage universel n'étaient pas de nature à inspirer quelque appréhension à Bismark ou à Disraëli, en 1867, au sujet d'une extension du droit de vote.

Mais les conséquences que l'extension de suffrage — qui en Angleterre n'est pas encore universel — a produites, avec le temps, en Allemagne et en Angleterre, commencent à dessiller les yeux des classes dirigeantes. Déjà en Angleterre elle a mis l'un des deux grands partis, qui jusqu'ici tour à tour dominaient le royaume, dans la pleine dépendance des travailleurs. En Allemagne, en dépit des difficultés — refus de l'indemnité parlementaire, mauvaise protection du secret de vote, limite d'âge élevée pour l'électorat, et surtout maintien d'une répartition ancienne des circonscriptions électorales, par lesquelles les grandes villes révolutionnaires à croissance rapide sont départagées en faveur de la campagne dépeuplée et réactionnaire — en dépit de tous ces obstacles, le système électoral actuel a fait de la Social-Démocratie l'un des partis parlementaires les plus puissants dans l'Empire; ce n'est plus qu'une question de temps pour que — même avec ce système — elle devienne, d'après le nombre de ses députés, le parti le plus fort. En fait, les espérances de la bourgeoisie en Allemagne ne reposent plus sur le Parlementarisme, elle ne croit plus que ce système lui assure en toute circonstance la domination ; ses espérances reposent sur la faiblesse du Parlementarisme allemand, je veux dire sur la domination de fait en Allemagne de l'absolutisme et du militarisme.

Même en France, où la participation du parti socialiste aux luttes électorales est si récente, et où elle est si entravée par les traditions historiques, la bourgeoisie commence à trembler devant le suffrage universel. Il y a peu de temps, c'était encore un cliché favori des politiciens bourgeois, que les ouvriers devaient se servir du bulletin de vote. Ce n'était pas par la violence mais par le suffrage qu'ils devaient s'efforcer de faire donner droit à leurs « légitimes » revendications. Aujourd'hui, beaucoup des politiques de la bourgeoisie française préféreraient voir les ouvriers bâtir des barricades que participer aux luttes électorales. Ils s'en débarrasseraient ainsi bien plus facilement.

Aucun gouvernement aujourd'hui ne concède de gaieté de cœur le suffrage universel. Toute extension du droit de vote à la classe ouvrière est aujourd'hui combattue par la bourgeoisie, et ce n'est qu'à la *crainte* qu'on doit, là où le suffrage universel existe, de ne le point voir aboli. Car si la bourgeoisie est arrivée aujourd'hui à comprendre de quels dangers il est gros pour elle, le prolétariat de tous les pays sait aussi quelle puissante arme révolutionnaire il possède en lui. Si Rittinghausen et ses partisans avaient raison, ce serait peine perdue pour la classe ouvrière de remuer seulement un doigt pour le suffrage universel, je veux dire, pour avoir le droit de participer à la vie parlementaire. Nous voyons au contraire, presque dans tous les pays, les luttes les plus vives se livrer autour du suffrage universel. Le prolétariat ne recule pas devant les plus grands sacrifices et les plus grands efforts pour le conquérir, là où on le lui refuse, comme cela s'est vu recemment en Belgique et en Autriche de si éclatante manière. Et toute tentative pour enlever le droit de vote aux travailleurs allemands sera pour l'Empire le signal d'une terrible catastrophe.

Il faut être un politique aveugle pour soutenir encore aujourd'hui que le système représentatif assure, même sous le règne du suffrage universel, la domination de la bourgeoisie, et que pour la renverser il faille tout d'abord écarter ce système. On voit manifestement déjà qu'un régime réellement parlementaire peut être l'instrument de dictature du prolétariat tout comme il a été celui de la bourgeoisie. Ce n'est pas abolir le parlementarisme, mais briser la puissance des gouvernements vis-à-vis des Parlements, en même temps qu'ouvrir au Prolétariat un chemin aussi large que possible vers les Parlements, par une répartition équitable des circonscriptions électorales, par la protection du vote secret, par de courtes sessions parlementaires, une liberté complète de la presse, des réunions et des associations, avant tout par l'extension du droit de vote à tous les sujets de l'Etat qui ont atteint leur vingtième année, voilà quel est le plus important des devoirs de la classe ouvrière dans sa lutte pour la conquête des pouvoirs publics.

Nulle part elle ne parviendra d'un seul coup à la pleine possession de la puissance politique. Le pas le plus décisif de la révolution prolétarienne, dans les pays réellement parlementaires, est la conquête du suffrage universel; dans les pays où il n'y a qu'un semblant de parlementarisme, un autre devoir important incombe au prolétariat : la conquête d'un régime pleinement parlementaire.

Les idées de Rittinghausen sur la législation directe par le peuple pourraient paralyser et égarer au plus haut degré le prolétariat dans ces luttes. Elles sont une « marotte » sans danger là où la Démocratie est solidement établie ; leur propagation est à rejeter résolument, là où le prolétariat a encore à lutter pour entrer au Parlement ou pour défendre ses droits contre un gouvernement tout-puissant.

XIV

LA LÉGISLATION DIRECTE ET LA LUTTE DES CLASSES.

Nous croyons avoir montré que dans un grand Etat moderne le « centre de gravité » de l'activité politique se trouve nécessairement dans son Parlement ; nous croyons aussi avoir montré que ce n'est point là pour le prolétariat une condition défavorable, et qu'il se développe en son sein, dans le cours de la lutte de classe qu'il soutient, des aptitudes qui le mettent en état de faire servir le Parlementarisme à ses fins.

De la législation directe, il ne peut être question encore que dans le sens où elle est appliquée déjà en Suisse et où elle est réclamée par le programme d'Erfurt : non comme un moyen d'écarter le système représentatif, mais comme un moyen de lui donner une forme plus démocratique et de le soumettre davantage au contrôle populaire. La législation directe en ce sens — référendum et initiative — qu'il serait plus exact d'appeler simplement une participation directe du peuple au travail législatif — joue dans la politique un rôle plus modeste que par exemple le droit de vote. Car elle laisse le centre de gravité de la vie politique résider dans le Parlement. Mais le droit de vote, qui en détermine la composition et par là l'action, a sur le caractère du Parlementarisme une bien plus grande influence qu'un droit de contrôle ou d'impulsion, qui se fait seulement sentir de temps en temps et qui est exercé par ceux-là mêmes qui déjà ont exprimé leur volonté le jour de l'élection.

Il nous reste encore à rechercher quelle importance la législation directe, dans le sens restreint ci-dessus indiqué, peut acquérir pour la lutte de classe du prolétariat. La Démocratie radicale de l'ancienne école doit naturellement voir dans la législation directe — nous employons désormais le mot dans sa signification étroite — une institution dont les efforts, en toutes circonstances, ne peuvent être que très précieux. Car pour elle le « peuple » seul entre en considération, et la puissance du peuple, par la législation directe, serait apparemment accrue dans tous les cas.

La chose n'est pas si simple pour la Social-Démocratie. La Démocratie fut, comme nous l'avons déjà remarqué, l'enfant d'une situation où il fallait que toutes les classes du peuple fussent unies contre le régime aristo-absolutiste. Elle ne pouvait remplir sa mission qu'en ignorant les antagonismes de classes au sein du « peuple ».

La Social-Démocratie, au contraire, se forme, là où le régime aristo-absolutiste a été brisé, de l'antagonisme entre la bourgeoisie et le prolétariat, lequel apparaît alors nécessairement au jour. Si la mission historique de la Démocratie lui commandait de voiler l'antagonisme entre le Prolétariat et la Bourgeoisie, la mission historique propre à la Social-Démocratie lui commande au contraire de dévoiler cet antagonisme et d'amener le prolétariat à en avoir la conscience la plus aiguë. Elle est à la tête du prolétariat — mais le prolétariat n'est nullement coextensif au « peuple ». Non que la Social-Démocratie ne puisse défendre exclusivement que les intérêts du prolétariat. Sa mission historique est de précipiter l'évolution sociale, sur tous les domaines où elle peut avoir une action, et de prendre en mains la cause de tous les exploités et de tous les opprimés. Il est même à espérer que partout où elle est devenue un parti politique puissant, petits bourgeois et paysans se mettent en masse de ce côté ; car ils sont incapables, ainsi que nous l'avons vu, de former un parti politique distinct ; ils n'ont que le choix de se ranger du côté des possédants ou du côté des dépossédés, et ils pencheront d'autant plus vers ceux-ci qu'ils seront plus opprimés par l'exploitation capitaliste et qu'ils se sentiront davantage eux-mêmes des « dépossédés » et des prolétaires.

Et les choses peuvent ainsi aller si loin, que

la Social-Démocratie gagne à elle la majorité du peuple, même dans les pays où les travailleurs salariés ne forment pas la majorité. Mais aujourd'hui nous sommes encore assez éloignés de cet état, et si vite que nous nous en rapprochions, le prolétariat militant formera toujours comme l'épine dorsale du Parti, le saillant de son caractère, ce qui lui communique sa force. Bourgeois et paysans sont les bienvenus, s'ils se rallient à nous, et marchent avec nous : mais c'est le prolétariat qui toujours doit montrer le chemin.

Si la masse ne se compose pas seulement de travailleurs salariés, mais aussi de petits bourgeois et de paysans — artisans, petits commerçants et intermédiaires de toutes sortes, petits fonctionnaires, etc. — formant ce qu'on appelle du terme général le « peuple », — ces classes, à l'exception des travailleurs conscients, peuvent aussi bien renforcer nos adversaires que venir à nous ; et c'est leur influence sur ces classes qui fait encore aujourd'hui, pour une large part, la puissance politique de nos ennemis.

Accorder des droits politiques au peuple, ce n'est donc en aucune façon servir nécessairement les intérêts du prolétariat ou ceux du développement social en général. Le suffrage universel, on le sait, n'a pas encore donné nulle part une majorité socialiste, il peut parfois fournir des majorités réactionnaires, il peut écarter un régime libéral, pour mettre à sa place une régime conservateur ou ultramontain. Dans ce cas, les libéraux, déclarent que le peuple n'est pas encore « mûr » pour la liberté.

Malgré tout, le prolétariat doit réclamer des institutions démocratiques, en toutes circonstances, et cela pour la même raison, qu'il ne peut, une fois arrivé au pouvoir, se servir de sa dictature de classe que pour mettre fin à toute dictature de classe. Il est de tous les groupes sociaux *le plus bas*, il ne peut obtenir de droits politiques, au moins en tant que classe, que si *tous* les obtiennent. Chacune des autres classes peut, en certaines circonstances, devenir privilégiée ; le prolétariat, non. La Social-Démocratie, le parti du prolétariat conscient, est par là le plus solide appui des revendications démocratiques, — beaucoup plus sûr que... la démocratie elle-même.

Mais si elle est très résolument décidée à défendre les revendications démocratiques, ce n'est pas une raison pour qu'elle partage les illusions de la démocratie. Elle ne doit pas oublier que tous les droits du peuple qu'elle conquiert, ne sont pas seulement une arme pour elle, mais aussi pour ses adversaires ; elle doit s'attendre à voir les conquêtes démocratiques leur servir plus ou moins immédiatement qu'à elle-même ; je dis au moins immédiatement, car il est certain que des institutions démocratiques ne peuvent finalement que tourner à l'avantage de la Social-Démocratie, lui faciliter le combat et la mener à la victoire. Le prolétariat militant a trop confiance dans le développement social, trop confiance en lui-même, pour craindre aucune lutte, fût-ce avec la puissance la plus formidable ; il ne réclame qu'un champ de bataille sur lequel il puisse se mouvoir librement. L'Etat démocratique forme ce champ de bataille, où sera livré le combat suprême entre la bourgeoisie et le prolétariat.

Et si la Social-Démocratie ne partage pas les illusions de la Démocratie, elle se sépare encore d'elle, dans la façon dont elle mesure le degré d'importance de chaque institution démocratique particulière. Elle ne se demande pas simplement, pour la juger, si elle élève la puissance du peuple en général, mais aussi dans quelle mesure elle favorise le développement du prolétariat en particulier. De ce point de vue, elle accorde une importance spéciale à maintes revendications démocratiques que la démocratie bourgeoise laisse tout à fait à l'arrière-plan et inversement. Le *droit de coalition*, par exemple, est une condition de vie pour le prolétariat, non pour les petits bourgeois et les paysans, encore moins pour les capitalistes, à qui il serait fort désagréable. La Démocratie bourgeoise n'a jamais mis une ardeur particulière à le réclamer ; la Révolution française même interdit toute coalition. Au contraire, le droit de coalition se trouve au premier rang parmi les revendications du prolétariat.

Par conséquent, nous ne nous contenterons pas, au sujet du référendum et de l'initiative, d'affirmer qu'ils accroîtront la puissance du peuple. Nous devons demander dans quelle mesure ils influeront sur la puissance et le devenir du Prolétariat? La réponse à cette question nous apprendra quel prix il faut attacher à la législation directe.

Nous avons vu que le système représentatif moderne n'est pas très favorable à la classe paysanne et à la petite bourgeoisie, surtout des petites villes. Les classes que le système représentatif met avant tout en valeur, ce sont celles des gros propriétaires — en capitaux ou en terres, — les intellectuels et — sous le régime du suffrage universel — la partie militante et consciente du prolétariat industriel. En général, on peut donc dire que le Parlementarisme favorise la population des grandes villes au détriment des campagnes. Toutes les classes citées plus haut, même, par exemple, les gros propriétaires fonciers qui habitent à la campagne, ont avec les grandes villes des relations multiples, et en reçoivent l'impulsion.

Mais, parmi les grandes villes du pays, la capitale exerce une influence particulière sur le Parlement. Nous avons déjà montré dans un chapitre précédent que les tendances centralisatrices de la production moderne mettent la population de la capitale en état d'influencer le gouvernement dans une mesure plus grande que le reste du pays, le gouvernement ayant nécessairement son siège au centre économique et politique de la nation, la capitale. Mais tout aussi nécessairement que le gouvernement, le Parlement doit siéger dans la capitale. Les assemblées légiférantes du moyen âge, assemblées de cour ou Etats généraux, n'étaient attachées à aucune localité particulière, pas plus que le gouvernement. Au contraire, toutes les tentatives des gouvernements réactionnaires, dans notre siècle, pour soustraire le Parlement à l'influence de la capitale, ne furent que des expériences de courte durée. En France la Chambre réactionnaire de 1871, malgré sa terreur en face de Paris révolutionnaire, dut pourtant rester presque à la portée de ses canons, à Versailles.

L'influence de la capitale sur le Parlement revêt des formes multiples. Dans les temps révolutionnaires, elle peut aller si loin que la population de la capitale impose directement sa volonté à la Chambre, laquelle n'est plus qu'un instrument entre ses mains. Mais, même dans les temps non troublés, un député ne saurait échapper complètement aux influences de la capitale. La simplicité de mœurs des députés campagnards peut souvent en souffrir beaucoup à coup sûr ; mais son horizon politique s'en trouve élargi.

La législation directe veut réagir contre ces tendances de Parlementarisme. Celui-ci s'efforce de placer le centre de gravité de la vie politique dans les grandes villes ; celle-là, dans la masse du peuple qui, sauf en Angleterre, se compose encore partout de la population des campagnes et des petites villes rurales. La législation directe enlève aux grandes villes leur influence politique particulière et la donne aux campagnes.

Nous avons déjà vu comment la production agricole isole les hommes. Le mode de production capitaliste de l'Etat moderne, par les impôts et le service militaire, les chemins de fer et les journaux, agit bien puissamment pour arracher les paysans à l'isolement du village. Mais les points de contact entre la ville et la campagne, en devenant plus nombreux, font seulement sentir plus cruellement au paysan la désolation de sa vie solitaire. Le niveau paysan n'en est pas élevé, mais l'attraction pour la ville s'éveille, les éléments les plus énergiques et les plus intelligents de la campagne sont entraînés vers les villes, et la campagne se dépeuple de ses meilleures forces. Et c'est ainsi que le progrès moderne des moyens de communication, au lieu de la supprimer, rend plus profonde encore la solitude des campagnes.

C'est un fait que dans tous les pays c'est la population des campagnes qui, économiquement et politiquement, est la plus en retard ; ce n'est pas lui faire un reproche que de le constater ; elle en souffre ; il faut bien compter avec ce fait. Aussi longtemps qu'il existera, nous n'avons guère de raison pour faire de la législation directe l'objet particulier de nos efforts.

La population rurale la plus avancée peut-être de l'Europe est celle de la Suisse. Un bon enseignement primaire, des habitudes démocratiques qui remontent loin dans le passé, enfin la dispersion d'une grande partie des industries capitalistes dans les campagnes, donnent au paysan suisse un esprit vif et élargissent son horizon intellectuel. D'autre part, l'ouvrier suisse est en général plus conservateur que la plupart de ses compagnons en Europe. La dispersion de l'industrie parmi la campagne, si elle élève le niveau paysan, abaisse le niveau ouvrier. Même économiquement, l'ouvrier se tient encore très près du paysan, et nomme encore un lopin de terre sa propriété. En outre, il manque à la Suisse une grande ville conductrice. L'antagonisme entre la ville et la campagne est aussi beaucoup moins développé que dans un grand Etat moderne. Et cependant, nombre de politiques en Suisse attribuent au référendum une action conservatrice (1).

(1) Curti comme Deploige, dans leurs ouvrages sur la législation directe, en donnent une série d'exemples. Il me paraît intéressant de relever entre autres les faits suivants : l'assemblée fédérale, dans un Parlement, avait, en 1872, élaboré un projet de constitution qui comprenait un avancement des droits du peuple, le référendum et l'ini-

A cette action défavorable au prolétariat révolutionnaire s'en ajoute encore une autre.

Nous avons vu que le Parlementarisme détermine nécessairement la formation de grands partis politiques distincts. C'est seulement en constituant de tels partis que les classes prennent de l'importance dans un Etat parlementaire. Aux élections toute la population électorale est entraînée dans des luttes de partis très ardentes. Ce n'est pas comme individus, mais comme repré-

tiative. Le 12 mai 1872, ce projet fut soumis au vote populaire et rejeté par 261,072 voix contre 255,609. Un nouveau projet, comprenant le référendum, mais non l'initiative, fut élaboré par une nouvelle assemblée fédérale, et cette fois fut adopté en 1874 par 340,199 voix contre 198,013. Les Parlementaires s'étaient montrés plus démocrates que le peuple.

Que les conservateurs fassent appel de préférence au référendum comme à un moyen de ralentir le progrès législatif, Deploige nous le prouve : « M. Chatelariat, qui a été directeur du bureau de statistique à Berne, a donné une table des cantons, d'après leur tendance plus ou moins déclarée à réclamer le référendum. Les cantons catholiques (conservateurs d'origine) viennent en tête, Fribourg d'abord, puis Uri, Wallis, Obwalden ; viennent ensuite Gerif, et Waadt. Ce sont, au contraire, les cantons radicaux de Thurgau, Solothurn, Glaris et Zurich qui donnent le moins de signatures. La statistique de M. Chatelariat ne repose que sur une expérience de cinq ans, mais d'après les chiffres que j'ai relevés, elle vaut aussi pour les années suivantes. » (*Le référendum en Suisse*, Bruxelles, 1842, p. 102.)

Pendant la Révolution française, les Girondins consi-

sentants de partis déterminés que les candidats se présentent devant les électeurs, développent devant eux leur programme et leur demandent de décider. Au temps d'un parlementarisme décadent, c'est-à-dire lorsque dans le Parlement s'opposent des partis que ne séparent point des questions fondamentales, lorsqu'on s'y combat non pour faire aboutir des revendications particulières formulées au nom de principes, mais pour conquérir sa place au « râtelier » de l'Etat, alors toutes les mesquines nuances de programme que les candidats étalent devant les électeurs pour se distinguer de leurs adversaires, ne sont vraiment que de « la blague » ; la lutte électorale n'a plus pour but d'éclairer les électeurs, mais de leur jeter de la poudre aux yeux.

La lutte électorale apparaît tout autre là où de grands antagonismes se heurtent les uns aux autres, comme de notre temps particulièrement, la Social-Démocratie entrant en scène. Celle-ci se trouve en opposition irréductible avec tous les

déraient le référendum comme un moyen de briser la puissance prépondérante de Paris révolutionnaire et de mettre arrêt à la Révolution. Lorsque Louis XVI fut condamné à mort, ils réclamèrent un vote populaire, parce qu'ils étaient convaincus de sauver par là le roi. La Montagne combattit très vivement cette tentative d'introduire le référendum comme une mesure contre-révolutionnaire.

Aussi Louis Blanc a-t-il donné le titre : « Plus de Girondins » à son écrit de polémique contre la législation directe et ses défenseurs Rittinghausen et Considérant.

autres partis. Son intérêt vital lui commande de mettre pleinement en relief cette opposition. La où elle pénètre, les luttes électorales deviennent nécessairement de plus en plus des luttes entre grands principes. Le peuple apprend à connaître de nouvelles idées et se trouve forcé de s'en préoccuper. Même là où des socialistes opportunistes ou trop subtils chercheraient à cacher leurs buts révolutionnaires, cela ne leur servirait pas à grand'chose. Les adversaires eux-mêmes sauront bien faire comprendre au peuple qu'entre le candidat socialiste et le candidat bourgeois il n'y a pas seulement opposition sur telle ou telle question secondaire, mais sur toute la conception du monde.

Le développement des grands antagonismes a aussi pour effet de faire reculer derrière les grands intérêts permanents et généraux les petites différences, les oppositions qui séparent les diverses professions et les divers groupes de la même classe, les petits intérêts particuliers et éphémères. Si les luttes parlementaires, et surtout les luttes électorales, partout où elles sont des luttes de classes, accélèrent la séparation des classes les unes des autres, elles accélèrent aussi l'union des divers éléments au sein de chacune des classes en lutte. Elles sont un puissant moyen pour eveiller la conscience de classe et la fortifier, un puissant moyen pour réunir les prolétaires sous un seul drapeau, exciter en eux l'enthousiasme et l'exaltation pour des buts lointains et les faire entrer dans la lutte en phalange serrée.

Si l'agitation électorale accélère la séparation des partis dans le peuple, elle est aussi un puissant instrument d'organisation et de discipline comme de propagande. Ce côté de la lutte électorale a une importance telle que la Social-Démocratie combat de la manière la plus résolue, pour le suffrage universel, jusque dans des pays où le Parlement n'est nullement un facteur décisif et ne joue vis-à-vis du gouvernement qu'un rôle très modeste, pays où la possibilité d'une influence positive du Parlement sur la législation et l'administration est par conséquent très faible. Cependant, partout où un puissant mouvement socialiste a la possibilité légale de combattre aux élections, grande est la terreur des partis bourgeois à chaque lutte électorale.

La législation directe agit dans un sens opposé. Ici le peuple n'est plus appelé à voter sur tout un programme embrassant la réorganisation politique et sociale d'un pays, mais seulement sur une mesure particulière, un projet de loi spécial, qui en outre doit être adapté à la situation politique et sociale du moment, s'il veut être « pratique » et ne pas constituer une simple démonstration.

Nous avons vu plus haut qu'une loi en général est le résultat d'un compromis. Et cela est surtout vrai aujourd'hui, où tant de partis entrent sur la scène politique et où les anciens partis bourgeois sont si désorientés. De cette nécessité du compromis qui est lié à l'activité législative, beaucoup ont conclu à la corruption parlementaire. Nous tenons cette conclusion pour exagérée. Les partis envoient dans les Parlements leurs politiques les plus perspicaces et les plus expérimentés ; ceux-ci savent en général fort bien ce qu'ils font quand ils en arrivent à un compromis ; ils ne sont par là ni induits en erreur ni ébranlés dans leurs convictions fondamentales. Si la faiblesse de caractère et l'absence de principe se font voir dans ces compromis, c'est qu'ils existaient déjà auparavant. Le compromis ne les a pas créées, mais seulement fait apparaître au jour.

Les partisans de la législation directe sont d'un autre avis, mais ils chassent le diable par Belzébuth, en transférant le vote sur les projets de lois au peuple, car ce n'est rien d'autre que de transporter la cause de la corruption du Parlement au peuple ! Sans compromis, il n'y a pas de législation possible ; la grande masse, qui ne se compose point de politiques expérimentés, sera bien plus facilement égarée et induite en erreur par un compromis que les politiques du Parlement. Si le compromis doit avoir une action corruptrice, elle ne le sera pas moins avec la législation directe qu'avec la législation parlementaire.

Ce qui est sûr, c'est qu'il y a à peine une seule revendication pratique qui soit particulière à un seul parti. La Social-Démocratie même en présente à peine quelques-unes qui lui soient propres. Ce par quoi elle se sépare des autres partis, c'est par l'ensemble de ses revendications pratiques et par les buts auxquels ces revendications tendent. La loi de huit heures, par exemple, n'est pas en elle-même une revendication révolutionnaire ; elle existe dans le programme socialiste, comme un moyen d'élever le niveau prolétarien et de lui donner la maturité politique et sociale et la capacité qui lui sont nécessaires pour qu'il puisse prendre lui-même en main l'œuvre de son émancipation et de la transformation sociale. La même loi de huit heures peut être une revendication du programme conservateur d'un parti réformiste, qui se berce de l'espérance décevante qu'avec des concessions il pourra réconcilier la classe ouvrière avec le régime social actuel.

Si ce ne sont plus des programmes de parti, mais de simples mesures législatives qui sont soumises à l'acceptation ou au rejet devant le peuple, il arrivera naturellement que tous les partis, qui ont intérêt à une mesure de ce genre, si hostiles qu'ils aient pu être en d'autres circonstances, marcheront soudain dans le même sens et pour ainsi dire la main dans la main. Croit-on que la grande masse jusque-là indifférente sera par là plus facilement éclairée ? La législation directe tend à entraver la division du peuple en partis, non à la précipiter; elle jette toujours de nouveaux ponts entre les partis qui marcheraient dans des directions différentes.

En même temps elle a aussi pour effet d'amoindrir la cohésion interne de chaque parti. Ce qui fait la cohésion des partis politiques, surtout si, comme le parti socialiste, ils ont à remplir une grande mission historique, c'est le but final, et non les revendications du moment, les conceptions ayant pour objet les questions de détail, qui se posent à un parti. Des différences de vues, de tempéraments, d'intérêts, de traditions, etc., on en rencontre au sein de tous les partis. Mais elles ne peuvent naturellement porter que sur les questions les plus prochaines, non sur le but final, non sur la méthode qu'il faut suivre en général pour y atteindre. S'il n'y avait pas unité sur ces points, la réunion en un parti d'éléments si disparates serait un non-sens.

Il y a toujours des différences d'opinion, ai-je dit, à l'intérieur d'un parti; parfois elles atteignent un degré inquiétant. Mais elles disloqueront d'autant moins facilement le parti que la conscience dans ses membres des grandes fins communes sera plus vivante, et plus grand l'enthousiasme pour ces fins, en sorte que les revendications et intérêts du moment s'effacent devant elles. De ce point de vue, les luttes électorales, qui contribuent tant à former cette concurrence de classe et à créer cet enthousiasme, sont pour le parti socialiste d'un prix inestimable.

La législation directe, au contraire, tend à détourner l'intérêt des grandes questions générales pour le concentrer sur des questions particulières. Plus cette tendance se réalise, et plus se relâche la cohésion à l'intérieur de chaque parti, au moins à propos de beaucoup de ces questions. Et les discussions qui se produisent maintenant dans le sein du parti, seront portées dans la masse du peuple, et les groupes qui commencent à se sentir en communion avec ce parti, s'écarteront de nouveau de lui à cause de ces différences momentanées.

L'esprit de secte, par lequel on se borne capricieusement à quelque *dada* particulier, peut être fortifié par la législation directe — non la vie des partis. S'il était possible de remplacer le système représentatif par la législation directe, ce serait leur mort. Les partisans de la doctrine en conviennent eux-mêmes, et lui en font un mérite. Cette mort certes ne saurait se produire, puisqu'une application complète de la législation directe n'est pas possible. Mais déjà le référendum et l'initiative à la manière suisse peuvent, en certaines circonstances, s'opposer fortement au renforcement des antagonismes de classes d'une part, de la cohésion et de la discipline des partis, de l'autre.

Et ce n'est point là l'intérêt du parti socialiste. D'autres partis peuvent jeter dans la balance la richesse ou l'influence de quelques-uns de leurs membres. La Social-Démocratie ne peut réussir que par les forces réunies de tout le prolétariat militant.

C'est redevenu une mode aujourd'hui d'attaquer l'existence des partis. Ce n'est pas nouveau. Le socialisme des anarchistes et autres littérateurs ne fait que répéter de nos jours ce que déjà, il y a deux générations, les socialistes utopistes disaient, mais d'une manière plus fondée et sans viser à l'effet avec la suffisance de ces messieurs,— ce que confirment aussi à leur tour les premiers partisans de la législation directe (1).

(1) « Il est temps, expliquait Considérant, de mettre fin aux Révolutions, c'est-à-dire aux gouvernements usurpateurs; aux dynasties, aux partis. Mais cela ne peut arriver que si les partis disparaissent dans la nation. La volonté générale du peuple est la seule loi que le peuple doive reconnaître comme légitime... Puisque nous vivons en un temps où aucun parti ne peut croire que les autres partis vont battre en retraite et ne plus songer à le détruire, il est clair que la société se trouvera en révolution permanente, en état de guerre ouverte ou sourde, aussi longtemps que la nation démocratique ne s'occupera pas elle-même et conformément à son principe, compris en son intégrité, d'appliquer sa volonté et de diriger ses affaires... Avec la législation directe prend fin le développement politique... Les différentes sortes de socialisme, actuel ou passé, ne peuvent plus ni s'imposer par la force, ni se réaliser par l'autorité d'un gouvernement contraire à la volonté générale. Il n'y aura plus ainsi aucune force politique dont on puisse craindre la tyrannie. Tous les dan-

Cette manière de voir était concevable, quand les partis bourgeois régnaient exclusivement en politique (sauf en Angleterre où le parti chartiste eut un succès énorme) et que la lutte des classes n'avait pas encore été reconnue comme le moyen d'émancipation du prolétariat. Elle est absurde, quand on se place au point de vue du manifeste des communistes.

Ce n'est qu'en tant que parti politique que la classe ouvrière peut arriver dans son ensemble à une solide et durable cohésion. Les luttes purement économiques ne concernent directement qu'un seul métier ou qu'un petit nombre, la

gers qui naissent de ce qu'on compliquait le problème social du problème politique, disparaissent, et avec eux toutes les inquiétudes et les terreurs exploitées artificiellement par les intrigants monarchistes de tous les pays. Les différentes espèces de socialisme ou en d'autres termes les différents projets pour la solution de la question sociale seront nécessairement amenées à n'être que ce qu'elles doivent être : des idées qui se développent librement dans la nation. . *Comme elles ne peuvent plus être des partis politiques, qui cherchent à conquérir le pouvoir, elles seront des écoles, qui rivaliseront entre elles pour conquérir les esprits.* » (*La solution ou le gouvernement du peuple*, p. 8 et suiv., cité par Carle, *Histoire de la législation directe, en Suisse*, p. 204, cité d'après le texte allemand.) Par la législation directe la Social-Démocratie serait donc impossible, et encore moins la dictature du prolétariat. Celui-ci ne pourrait s'émanciper que par des conférences au « peuple ». Nous avons cité tout le passage, parce qu'il est caractéristique des idées des partisans de la législation directe.

plupart du temps les compagnons de travail d'une localité limitée, d'une ville ou d'une province. Chacune de ces luttes n'est pas en elle-même une lutte de classes. Il ne s'y agit jamais immédiatement de l'intérêt général du prolétariat, mais seulement de l'intérêt particulier d'une catégorie de travailleurs. Là où les ouvriers ne vont pas jusqu'à s'organiser en un parti politique indépendant, là où ils se cantonnent sur le terrain des organisations purement économiques, syndicats, caisses de secours et coopératives, là les intérêts particuliers passent trop facilement au premier plan, la conscience de classe n'est pas éveillée, et sans elle une action vraiment socialiste et révolutionnaire est impossible. L'ouvrier qui n'a pas conscience de lui-même comme prolétaire, mais se regarde seulement comme typographe ou comme chapelier ou comme métallurgiste, et qui défend seulement les intérêts des typographes, ou des chapeliers, ou des métallurgistes, celui-là peut se donner les airs d'un radical consommé sur les domaines les plus différents, par exemple être un athée enragé : son radicalisme restera fumisterie pure comme celui de ce petit bourgeois furibond qui crie avec de grands gestes à la révolution. Son action ne peut nullement influer sur la transformation de la société dans un sens prolétarien.

La formation et l'activité d'un parti ouvrier, qui veut conquérir pour la classe ouvrière la puissance politique, présupposait déjà dans une partie du prolétariat une conscience de classe hautement développée. Mais l'activité de ce parti ouvrier est le moyen le plus puissant pour éveiller la conscience de classe dans la masse ouvrière et pour lui donner toute son intensité. Il ne connaît que les fins et les problèmes qui intéressent l'ensemble du prolétariat; l'esprit étroit de corporation, les mesquines jalousies des organisations privées ne trouvent en lui aucune place (1). Et tandis que les organisations purement économiques, en tant que simples organisations coopératives, ne se peuvent proposer que des fins susceptibles de réalisation dans la société actuelle, le parti ouvrier, comme défenseur des intérêts de classe de tout le prolétariat, — même si dès l'origine il ne se place pas sur le terrain socialiste, — y arrivera tôt ou tard et combattra cette société, à l'intérieur de laquelle une émancipation du prolétariat est impossible. Si les adhérents de la lutte purement syndicale sont conservateurs, même lorsqu'ils prennent des allures radicales, tous les partis ouvriers sont révolutionnaires par leur nature

(1) Où le mouvement syndical peut conduire, s'il ne va pas de concert avec un mouvement ouvrier politique puissant et indépendant, c'est ce que nous montre l'Amérique, où on trouve des organisations ouvrières se faisant une guerre acharnée et n'hésitant nullement à rendre des services aux capitalistes, quand elles peuvent par là frapper des organisations rivales.

même, si leur attitude, voire la conscience de leurs membres, est « modérée ».

Nous n'avons donc pas la moindre raison, nous socialistes révolutionnaires, de désirer que « les partis disparaissent noyés dans la nation » comme Considérant le voulait, et dans la mesure où la législation directe agit en ce sens, elle peut tout simplement entraver les efforts du prolétariat vers son émancipation.

Cela ne veut pas dire toutefois que la législation directe (c'est-à-dire naturellement celles de ses formes en lesquelles elle est réalisable en général) doive être rejetée, quelles que soient les circonstances, étant donnée la société actuelle, société divisée en classes antagonistes. A notre avis, la seule conclusion à en tirer, c'est que le référendum et l'initiative ne font pas partie de ces institutions démocratiques, que le prolétariat, partout et en toutes circonstances, puisse réclamer dans l'intérêt de son émancipation. Le référendum et l'initiative sont des institutions qui, en de certaines circonstances, peuvent avoir des effets très utiles, même sans en exagérer l'importance, mais qui, en d'autres circonstances, peuvent produire aussi des désastres. L'introduction du référendum et de l'initiative n'est donc pas à demander partout et en toutes circonstances, mais seulement là où certaines conditions préalables sont remplies.

Parmi ces conditions préalables nous comptons l'absence d'antagonisme entre les grandes villes et la campagne, comme c'est à peu près le cas en Suisse, ou, ce qui est encore plus important, la prédominance de la population urbaine sur la population rurale, condition qui n'est encore remplie jusqu'ici qu'en Angleterre.

Une condition préalable, plus générale encore, est une vie politique des partis hautement développée, et qui embrasse la grande masse de la population, de manière qu'on n'ait plus à craindre de voir la législation directe dissoudre les partis et les antogonismes de partis.

Mais la condition la plus importante est l'absence d'un gouvernement trop centralisé et qui puisse se poser vis-à-vis de l'assemblée du peuple en puissance indépendante.

Là où cette condition manque, là où le parlementarisme n'est qu'un semblant de parlementarisme, — et c'est le cas de la grande majorité des Etats européens, — l'affaiblissement du parlementarisme par la législation directe fait trop l'avantage non du peuple, mais du gouvernement; sans compter d'ailleurs que, sous la domination d'un « gouvernement fort », la législation directe par le peuple ne pourrait avoir qu'une application apparente ; le gouvernement ne convoquerait le peuple qu'à son gré. Sous un tel gouvernement, à qui tout l'énorme appareil d'un Etat moderne servirait de moyen de pression illimitée, tous les mauvais effets de la législation directe que nous avons signalés plus haut, — prédominance de la campagne réactionnaire sur les grandes villes révolutionnaires, dissolution et confusion des partis, — pourraient se réaliser de la façon la plus déplorable. La « législation directe » deviendrait le « plébiscite », et nous savons, par le second empire, ce que le plébiscite signifie.

Nous avons vu dans un chapitre antérieur que c'est sur l'éparpillement de la population en communes indépendantes les unes des autres que repose le despotisme oriental ; — ces communes se trouvent, sans le trait d'union intermédiaire d'un Parlement, en face du gouvernement central, qui dispose de toutes les ressources de l'Etat entier.

C'est un État analogue que la législation directe au sens de Rittinghausen ramènerait, en écartant le Parlement et en diluant la nation en des milliers de sections, que rien ne lierait entre elles, qu'un gouvernement, obligé certes par la constitution à exécuter fidèlement les ordres du peuple, mais disposant de tout l'appareil de l'Etat moderne. Ce gouvernement serait ainsi d'une puissance bien supérieure à chacune des sections. Si les sections voulaient garder leur indépendance vis-à-vis du gouvernement, elles seraient bientôt forcées de se réunir et d'établir, comme organe de leur alliance, une assemblée, une assemblée représentative, un Parlement, une assemblée unique, qui s'opposerait à la puissance centralisée du gouvernement et ferait contrepoids à cette dernière.

Si les sections, gardant, selon Rittinghausen, un respect supérieur même à l'intérêt politique, voulaient rester dans leur isolement, le gouvernement aurait alors beau jeu pour en finir avec chacune d'entre elles et leur imposer sa volonté, et la législation directe aboutirait à un « despotisme démocratique », au césarisme (au sens moderne).

Par bonheur, la législation directe, au sens de Rittinghausen, n'est pas applicable. Ses formes, même mitigées, peuvent agir dans un but semblable, conduire à un État bureaucratique et militaire dans lequel, en face du gouvernement, il n'y aurait qu'une ombre de Parlement, et non un Parlement véritable.

Dans les Etats où domine cet état de choses, les partis révolutionnaires n'ont pas pour mission d'enlever à cette ombre de Parlement le reste de puissance qu'elle possède ; ce serait un suicide ; ils feraient par là les affaires du gouvernement. Leur mission consiste bien plutôt à redonner de la vie à cette ombre, à lui infuser du sang nouveau, à le rendre capable de résister au gouvernement.

Nous comprenons aisément que les camarades suisses préconisent si vivement la législation directe. Nulle part les conditions préalables à son application ne sont aussi pleinement remplies qu'en Suisse. Il existe dans ce pays une sorte d'équilibre entre les classes ; aucune n'est en état d'entreprendre à elle seule une grande action. D'autre part, les camarades suisses sont assez heureux pour avoir déjà, à l'heure actuelle, tout ce que l'on peut réclamer en fait de droits politiques. S'ils veulent agir d'une manière positive, avoir une activité pratique, ne pas se limiter à des agitations et à des démonstrations, ils ne peuvent guère qu'apporter à l'édifice politique, déjà achevé dans son ensemble, quelque petite amélioration et quelque enjolivement.

Mais on ne peut conclure d'un exemple à tous. Nous, Allemands et Autrichiens, nous avons autre chose à faire. Nous avons à livrer une grande bataille contre le militarisme et l'absolutisme. Le poids de la lutte retombe presque tout entier sur la Social-Démocratie. La bourgeoisie a depuis longtemps cessé de voir dans le Parlement l'instrument prédestiné de sa domination de classe. Elle sent qu'il est impossible d'en tenir éloigné le prolétariat, elle reconnaît que l'heure est proche où le prolétariat conquerra en Autriche le suffrage universel direct et égal, en Allemagne, avec le suffrage universel, le Parlement. Elle comprend qu'elle est perdue si le Parlementarisme devient une vérité ; ce n'est plus dans le Parlementarisme, mais dans ce qui lui fait contrepoids, le militarisme et l'absolutisme, qu'elle cherche son salut.

Jusqu'au dernier quart de notre siècle, quand la bourgeoisie — partout où il y avait des

Parlements — dominait d'une façon illimitée dans les Parlements, on pouvait croire que la lutte du prolétariat pour la domination politique prendrait la forme d'une lutte pour la destruction du Parlementarisme. Aujourd'hui il apparaît chaque jour davantage que cette lutte, au moins dans l'est de l'Europe, est une lutte pour le Parlementarisme, contre le militarisme et l'absolutisme.

En fait, la bourgeoisie de l'Europe, à l'est du Rhin, est devenue si faible et si lâche, que, selon toute vraisemblance, le régime du sabre et de la bureaucratie ne pourra être brisé que lorsque le prolétariat sera en état de conquérir la puissance politique, et la chute du militarisme absolutiste conduira directement à la prise de possession du pouvoir par le prolétariat.

Une chose est sûre : en Allemagne comme en Autriche, et même dans la plupart des pays de l'Europe, les conditions que suppose au préalable une heureuse application de la législation directe, — principalement des constitutions démocratiques, — ne seront pas réalisées avant l'avènement du Prolétariat. La législation directe peut avant cela être appliquée jusqu'à un certain degré, peut-être aux Etats-Unis, en Angleterre et dans les colonies anglaises, dans certaines circonstances aussi en France et en Belgique ; — mais pour les Européens de l'est, elle appartient au programme de « l'Etat futur ».

NOTES

I. *Mouvement chartiste.* — Mouvement socialiste et politique qui bouleversa l'Angleterre pendant une dizaine d'années (1838 à 1848). Après la réforme électorale de 1832 qui fut opérée surtout grâce à l'agitation que les ouvriers avaient entretenue dans le public, la classe ouvrière se montra extrêmement exaspérée d'avoir une part presque aussi restreinte que par le passé dans les affaires du pays. Une *Convention nationale* se réunit, et après six mois de discussions rédigea un factum en 39 articles qu'O'Connell présenta aux travailleurs en ces termes : « Voilà votre *charte*. Provoquez en sa faveur une agitation dans le pays et ne vous déclarez jamais satisfaits avant d'avoir obtenu ce minimum ». De là vint le nom de *chartisme* donné à ce mouvement.

La *charte* demandait principalement :

Le droit de suffrage pour tout citoyen ;
Le vote au scrutin secret ;
La suppression pour tout candidat au Parlement de l'obligation d'être propriétaire foncier ;
L'octroi d'une indemnité à chaque député ;
La division du pays en collèges électoraux d'égale importance ;

L'impôt sur le revenu ;
L'abolition de la loi des pauvres ;
La diminution des charges publiques ;
La journée de dix heures.

Home rule. — Nom donné en Angleterre au système politique qui permettrait à l'Irlande de régler elle-même ses propres affaires. Il a donné lieu à un mouvement puissant surtout à partir de 1872. Combattu, puis accepté par Gladstone en 1885, il provoqua la division du parti libéral que désertèrent les éléments *unionnistes*, Chamberlain à leur tête. En 1893, après 35 séances de débats passionnés, la Chambre des Communes acceptait le projet de Gladstone qui accordait une large autonomie à l'Irlande et la dotait d'un Parlement. La Chambre des Lords se mit en travers de cette réforme, ce qui provoqua dans l'ensemble du parti libéral une campagne violente en faveur d'une dissolution du Parlement et de nouvelles élections au cri de : « Sus aux Lords ». Cependant Gladstone démissionna peu après, et les élections furent défavorables au *Home rule*.

Gens. — Nom donné à un groupe social plus étendu que la famille.

Prolétariat de gueux. — Traduction du mot allemand Lumpenproletariat, par lequel on désigne les couches sociales les plus inférieures de la société, qui n'ont pas d'occupation régulière, et vivent souvent de mendicité, prostitution, vol.

Diète. — On donne le nom de diète aux assemblées délibérantes qu'eurent au moyen âge et que conservent encore certains pays : l'Allemagne, la Hongrie, la Confédération helvétique, la Suède, le Danemark, la Croatie.

Whig, Tory. — Les *whigs* et les *tories* sont depuis longtemps les deux grands partis politiques de l'Angleterre ; à tour de rôle ils ont gouverné le pays, l'un entrant aux affaires dès que l'autre en sort. On les désigne plus communément aujourd'hui sous les noms de *libéraux* et *conservateurs.*

Doctrine Manchestérienne. — On donne le nom d'école de Manchester au groupe des agitateurs libre-échangistes anglais fondateurs de la Ligue contre les droits sur les blés. Dirigés par Cobden et Bright, ils firent de Manchester le centre de leur agitation. Ils poussaient leurs principes jusqu'à leurs conséquences les plus radicales, prêchant l'absolu individualisme, excluant toute intervention de l'Etat dans le domaine économique. C'est de là que vient le nom de doctrine manchestérienne.

28 octobre 98

TABLE DES MATIÈRES

Imprimerie spéciale de la librairie G. Jacques, 97, bd Arago, Paris.

Paraîtront très prochainement

DANS LA

BIBLIOTHÈQUE D'ÉTUDES SOCIALISTES

Karl MARX. — **La Commune de Paris de 1871** —
(Nouvelle traduction de Charles LONGUET.)

Karl KAUTSKY. — **La lutte des classes en France en 1789.**

Edouard BERTH. — **Dialogues socialistes.**

Nota. — Les souscripteurs de ces ouvrages bénéficieront d'une réduction [illegible] peut [illegible]

www.ingramcontent.com/pod-product-compliance
Ingram Content Group UK Ltd.
Pitfield, Milton Keynes, MK11 3LW, UK
UKHW012213240726
13966UKWH00002B/719